팬데믹 지구

애나 클레이본 글 | 김선영 옮김

푸른숲주니어

차례

전 세계에 불어 닥친 위기 · · · · · · · · · · · · 4

팬데믹이란? · · · · · · · · · · · · 6

질병을 일으키는 미생물이라니? · · · · · · · · · · · · 8

역사 속의 팬데믹 · · · · · · · · · · · · 10

똑똑! 정보 창고 치명적인 흑사병 · · · · · · · · · · · · 12

면역이 필요해! · · · · · · · · · · · · 14

팬데믹 초기 단계 · · · · · · · · · · · · 16

걷잡을 수 없는 감염 단계 · · · · · · · · · · · · 18

똑똑! 정보 창고 1918~1919년의 독감 팬데믹 · · · · · · · · · · · · 20

앗, 봉쇄 단계 · · · · · · · · · · · · 22

팬데믹이 만들어 내는 문제들 · · · · · · · · · · · · 24

똑똑! 정보 창고 코로나바이러스감염증-19 팬데믹 · · · · · · · · · · · · 26

해결책을 찾아서 ·········· 28

다시 일상으로 돌아갈 수 있을까? ·········· 30

팬데믹에 제대로 대비하기 ·········· 32

우리가 할 수 있는 일 ·········· 34

항생제가 만능은 아니야! ·········· 36

 치명적인 항생제 내성 결핵 ·········· 38

팬데믹 지구가 온다? ·········· 40

팬데믹의 긍정적인 효과 ·········· 42

이것도 알아 두면 좋아요! ·········· 44

똑똑! 팬데믹 용어 ·········· 46

전 세계에 불어 닥친 위기

2020년, 새해의 시작과 함께 새로운 질병이 전 세계에 퍼지기 시작했어요. 이 질병은 사람에게서 사람으로 급속히 전파되었죠. 코로나바이러스라는 미생물이 일으키는 이 질병에 전문가들은 '코로나바이러스감염증-19'라고 이름을 붙였답니다.

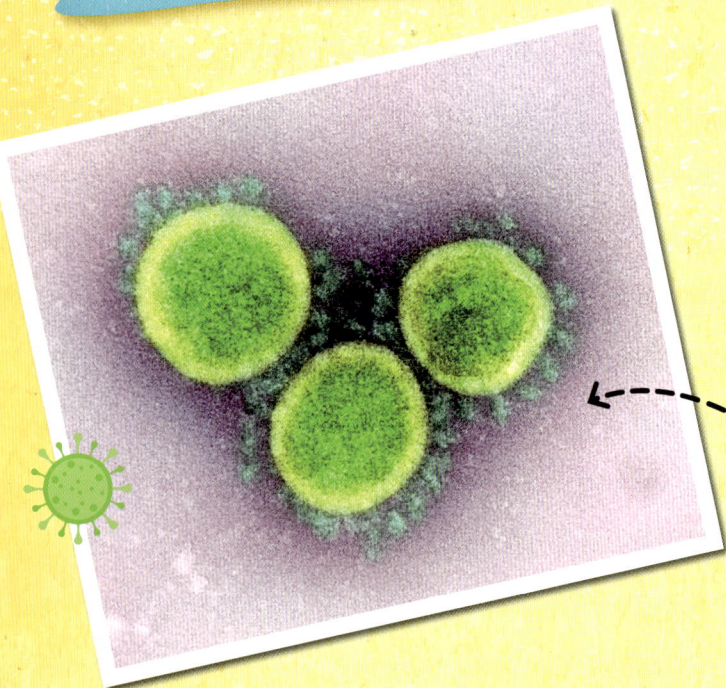

현미경으로 살펴본 코로나바이러스의 실제 모습이에요.

코로나바이러스감염증-19
(COVID-19, 약칭 코로나19)

'2019년에 출현한 코로나바이러스 질병'이라는 뜻이에요. 영문 표기인 COVID-19는 Corona Virus Disease 2019에서 따온 거예요.

팬데믹에 빠진 지구

코로나바이러스가 점점 더 많은 사람을 감염시키면서 전 세계 곳곳으로 퍼지자, 세계는 '팬데믹' 상황이 되었어요. 팬데믹이란, 감염병이 발생해서 여러 국가, 더 나아가 전 세계에서 크게 유행하고 있다는 뜻이에요.

감염병이 전 세계에 걸쳐 유행하면 많은 사람들이 아플 뿐 아니라 죽음에 이를 수도 있어요. 사람들이 병에 걸리지 않도록 스스로 보호하고, 또 서로 옮지 않게 노력하는 과정에서 다양한 변화가 일어난답니다! 생활 양식도 상당히 달라지지요.

★ 모임이나 집합이 금지되기 때문에 결혼식 같이 중요한 행사도 취소되곤 하지요!

★ 콘서트와 축제, 스포츠 시합 등이 모두 취소되어요.

★ 상점과 카페, 술집 등이 문을 닫아요.

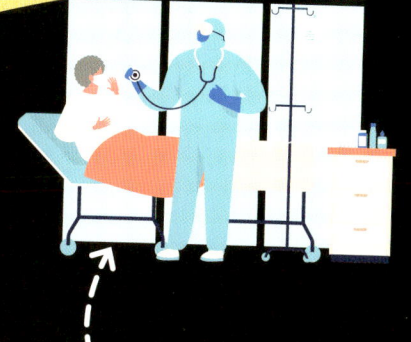

★ 항공편과 여행 상품이 취소되고, 이동 지역도 제한되어요.

★ 병원이 전염병 환자로 가득 차게 되어서, 다른 병을 앓고 있는 환자들이 치료받기가 어려워져요.

팬데믹은 엄청난 재난이에요. 감염병에 걸린 사람은 물론이고, 걸리지 않은 사람에게도 문제가 생기지요. 일상으로 돌아가는 데 아주 오랜 시간이 걸릴 수도 있어요. 무엇보다 위험한 건, 또 다른 팬데믹이 언제든 나타날 수 있다는 거예요.

★ 학교가 휴교하면서 학생들은 집에서 공부해야 해요.

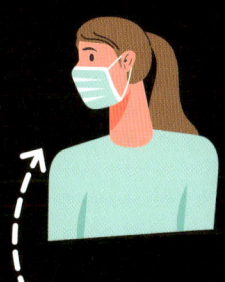

★ 사람들이 일자리를 잃어요. 회사들이 일시적으로 문을 닫거나 파산하면서 일할 곳이 없어지기 때문이에요.

★ 누구나 항상 마스크를 써야 해요. 또 자주 손을 씻어야 하고, 늘 안전 거리를 유지해야 하지요.

★ 감염병을 일으키는 미생물이 퍼지지 않도록 막아야 해요.

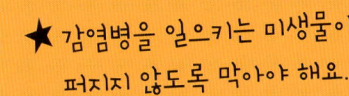
우리는 무엇을 할 수 있을까?

팬데믹과 싸울 수 있는 방법

★ 새로운 감염병의 백신과 치료제를 개발해야 해요.

★ 감염병이 팬데믹으로 이어지지 않도록 초기에 대비해야 해요.

이 책에서는 팬데믹과 싸울 수 있는 방법들을 찾아볼 거예요. 또 우리가 할 수 있는 일들도 생각해 봐야겠지요!

팬데믹이란?

팬데믹이라는 말이 어렵게 느껴지지요? 팬데믹은 감염병이 전 세계적으로 크게 유행하는 현상을 말해요. 그렇다면 유행병과는 무엇이 다른 걸까요? 또 풍토병이랑은 어떤 차이점이 있을까요?

팬데믹의 팬(Pan)은 '모두'를 뜻해요.

데모스(Dēmos)는 '국가' 또는 '사람들'을 가리켜요.

전 세계 모든 사람에게

'팬데믹(Pandemic)'이란 말은 고대 그리스어에서 유래했어요. 팬(Pan)과 데믹(Demic)의 합성어인데, 데믹은 데모스(Dēmos)에서 나온 말이에요.

그러니까 팬데믹이란, 어떤 질병이 전 세계의 대륙과 국가에 퍼져 수많은 사람들을 감염시킨다는 뜻이에요.

질병에 감염된다고?

충수염

팬데믹은 전염성이 있는 질병이 일으키는 현상이에요. 주로 세균이나 바이러스 같은 미생물이 일으키는데, 사람과 사람 사이에 서 쉽게 전파될 수 있어요.

예를 들어, 충수염은 팬데믹을 일으키지 않아요. 전 세계 누구나 걸릴 수 있는 병이지만, 세균이나 바이러스로 퍼지는 게 아니어서 전염성이 없거든요. 그만큼 드물게 발생해요.

코로나바이러스처럼 새롭게 나타난 바이러스가 전 세계로 빠르게 퍼져 수많은 사람이 전염되어 병을 앓게 되는 걸 팬데믹이라고 부르지요.

작은 범위의 유행병

유행병은 팬데믹과 비슷하지만 규모가 더 작고 좁은 지역에서 일어나요. 유행병을 뜻하는 영어 단어 '에피데믹(Epidemic)'도 고대 그리스어에서 유래되었는데, '에피(Epi)'와 '데모스(Dêmos)'가 합쳐진 말이에요. '사람들 사이에'라는 뜻이지요. 유행병 역시 많은 사람을 아프게 만들지만, 특정 지역이나 국가에 한정해서 일어나요.

1707년, 아이슬란드에서 천연두가 크게 유행해서 1만 8천 명이 넘는 사람이 사망했어요. 천연두는 사람들의 목숨을 위협하는 무서운 유행병으로 오래전부터 수차례에 걸쳐 창궐해 왔어요. 그렇지만 지금은 지구에서 완전히 추방되었답니다.

1872년에 뉴욕에서 백신을 접종하는 모습이에요. 천연두가 사라질 수 있었던 건 백신 예방 접종 덕분이에요. 1980년에 세계 보건 기구(WHO)는 천연두 종식을 선언했답니다.

특정 지역에 한정된 풍토병

'풍토'란 특정 지역의 기후와 토지 상태 등을 말해요. 질병 역시 기후와 토지에 영향을 받아서 특정 지역에서만 주로 나타날 수 있어요. 이를 풍토병이라고 불러요. 예를 들어, 체체파리가 옮기는 수면병은 아프리카 지역의 대표적인 풍토병이지요.

풍토성을 띠는 동물도 있어요. 캥거루는 오스트레일리아에서만 서식하는 대표적인 동물이에요. 그러니까 전 세계 캥거루는 모두 오스트레일리아에서 온 거예요.

아프리카

수면병이 발생하는 지역

질병을 일으키는 미생물이라니?

질병은 왜 유행을 하는 걸까요? 대답은 미생물에 있어요. 특히 미생물이 질병을 일으키는 방식 때문이에요. 만약 어떤 미생물이 사람에게서 사람으로 옮아 가는 거라면 감염병이 크게 유행할 수 있답니다.

미생물이란 무엇일까?

미생물은 아주 작은 생물이에요. 눈에 보이지 않을 정도로 작지만, 생명체이기 때문에 먹이와 살 곳이 필요하지요. 미생물들이 사는 곳은 살아 있는 생물의 표면 또는 내부예요. 만약 우리 몸에 미생물이 침입하게 되면 질병을 일으킬 수 있어요. 수두 바이러스의 예를 한번 살펴볼까요?

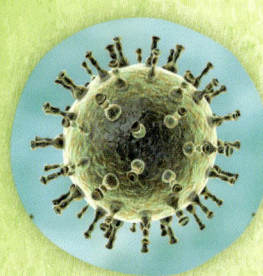

수두 바이러스는 질병을 일으키는 미생물이에요.

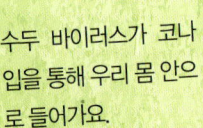

수두 바이러스가 코나 입을 통해 우리 몸 안으로 들어가요.

몸 안에 들어간 바이러스는 수두에 걸렸을 때 나타나는 증상을 일으켜요. 열이 나고, 피로감을 느끼고, 기침이 나오고, 피부에 발진이 생기지요.

우리 몸 안으로 들어온 바이러스는 스스로를 복제하면서 자꾸만 늘어나요. 그리고 공기나 접촉을 통해서 다른 사람에게 전파되지요.

미생물의 종류

질병을 일으키는 미생물에는 다양한 종류가 있어요.

세균 (박테리아)
현미경으로 볼 수 있는 단세포 생물이에요.

바이러스
세균보다 훨씬 작아요. 다른 세포에 침입해서 점점 수가 늘어나지요. (생물과 무생물의 중간쯤으로 보기도 해요.)

균류
대표적으로 효모, 곰팡이 등이 있어요. 어떤 균류는 질병을 일으킬 수도 있어요.

원생동물 (원충)
현미경으로 볼 수 있는 동물로 질병을 일으킬 수 있어요.

모든 미생물이 병을 일으킬까?

모든 세균이나 바이러스, 균류, 원생동물이 병을 일으키는 건 아니에요. 어떤 세균은 우리 몸에 매우 유익하거든요. 유산균을 생각해 볼까요? 주로 요구르트에 많이 들어 있는데, 우리 몸의 장내에 살면서 음식을 잘 소화할 수 있도록 도와준답니다.

미생물이 퍼지는 경로

세상에는 질병을 일으키는 아주 다양한 미생물들이 있어요. 질병마다 원인이 되는 미생물은 다 다르고, 전파 경로 역시 각양각색이랍니다.

미생물이 일으키는 병 ▼	미생물의 종류 ▼	전파 경로 ▼
독감(인플루엔자)	바이러스	기침, 재채기, 대화
홍역	바이러스	기침, 재채기
말라리아	원생동물	모기에 물림
후천 면역 결핍증(에이즈)	바이러스	수혈, 주삿바늘 공유, 성관계
지카	바이러스	모기에 물림, 수혈, 성관계
수면병	원생동물	체체파리에 물림
가래톳 페스트	세균	벼룩에 물림, 기침, 접촉
라임병	세균	진드기에 물림
콜레라	세균	물이나 음식을 통해 전파
코로나바이러스감염증-19	바이러스	기침, 재채기, 대화, 접촉

역사 속의 팬데믹

역사 속에서 전염병의 세계적 유행, 그러니까 팬데믹은 드물거나 새롭지 않아요. 과거에도 팬데믹은 계속해서 일어났거든요. 아래의 연표에서 역사 속 인류를 크게 위협했던 팬데믹 상황을 하나씩 살펴보아요.

안토니우스 역병

질병 : 천연두(추정)
사망자 : 약 5백만 명
로마 제국에 역병이 대유행했어요. 북아프리카와 유럽뿐 아니라 아시아 서부에서까지 발병했지요.

165~180년

기원전 430~427년

아테네의 역병

질병 : 발진티푸스(추정)
사망자 : 많게는 10만 명까지
고대 시대에 역병이 북아프리카와 유럽에서 크게 유행했어요. 이 감염병으로 고대 그리스의 도시 국가 아테네가 초토화되었지요.

최초의 접촉

15세기 후반, 유럽의 탐험가들과 침략자들이 대서양을 건너 아메리카 대륙으로 몰려갔어요. 이때 여러 가지 세균과 바이러스가 함께 건너갔지요. 이로 인해 아메리카 대륙에 치명적인 팬데믹이 벌어졌어요.

16세기

아메리카 대륙의 펜데믹

질병 : 천연두 외 여러 가지 감염병
사망자 : 약 5천 6백만 명
유럽의 침략자들이 전파한 여러 세균과 바이러스 때문에 아메리카에 살던 원주민의 90퍼센트 이상이 목숨을 잃었어요.

연이은 페스트

질병 : 가래톳 페스트
사망자 : 3백만 명 이상
17세기에 아프리카와 아시아, 유럽 곳곳에서 가래톳 페스트가 창궐했어요.

17세기

유스티니아누스 역병

질병 : 가래톳 페스트
사망자 : 약 3천만 명

가래톳 페스트가 최초로 대유행한 사례예요. 유럽과 지중해 지역으로 퍼져 나갔지요.

541~542년

흑사병

질병 : 가래톳 페스트
사망자 : 많게는 2억 명까지

인류 역사상 최악의 팬데믹이에요! 가래톳 페스트가 아시아, 아프리카, 유럽 곳곳에서 창궐했지요.

1346~1353년

과거에는 작았던 팬데믹

옛날에는 지금에 비해 사람들의 이동이 많지 않았어요. 또 어떤 지역은 다른 지역과 완전히 단절되어 있기도 했지요. 그래서 인류 역사 초기에 발생한 감염병은 오늘날 팬데믹처럼 전 세계로 퍼지는 일이 거의 없었어요.

치명적인 질병

단 몇 개의 질병이 인류 역사에서 수많은 목숨을 앗아 갔어요.

말라리아 : 최대 5백억 명
천연두 : 최대 5억 명
페스트 : 최대 2억 5천만 명
독감 : 최대 5천만 명
콜레라 : 최대 4천만 명

3차 콜레라 팬데믹

질병 : 콜레라
사망자 : 1백만 명 이상

역사 속에 계속해서 등장했던 콜레라 유행 중에서 최악의 팬데믹이에요. 콜레라가 아시아, 아프리카, 유럽, 북아메리카까지 번졌지요.

1846~1860년

스페인 독감 팬데믹

질병 : 독감(인플루엔자)
사망자 : 많게는 5천만 명까지

제1차 세계 대전(1914~1918) 말미에 시작된 치명적인 독감이 전 세계로 퍼져 수많은 사람들이 사망했어요.

1918~1919년

똑똑! 정보 창고

치명적인 흑사병

14세기에 아시아와 아프리카, 유럽을 강타한 흑사병은 역사상 최악의 팬데믹이었어요. 현대의 전문가들은 흑사병을 가래톳 페스트로 추정하고 있답니다.

페스트 팬데믹

최초로 알려진 가래톳 페스트 팬데믹은 541년에 발생한 '유스티니아누스 역병'이에요. 그 뒤로도 페스트는 자주 대유행을 일으켰어요. 역사학자들은 페스트가 크게 유행한 시기를 대략 세 차례로 나누어요.

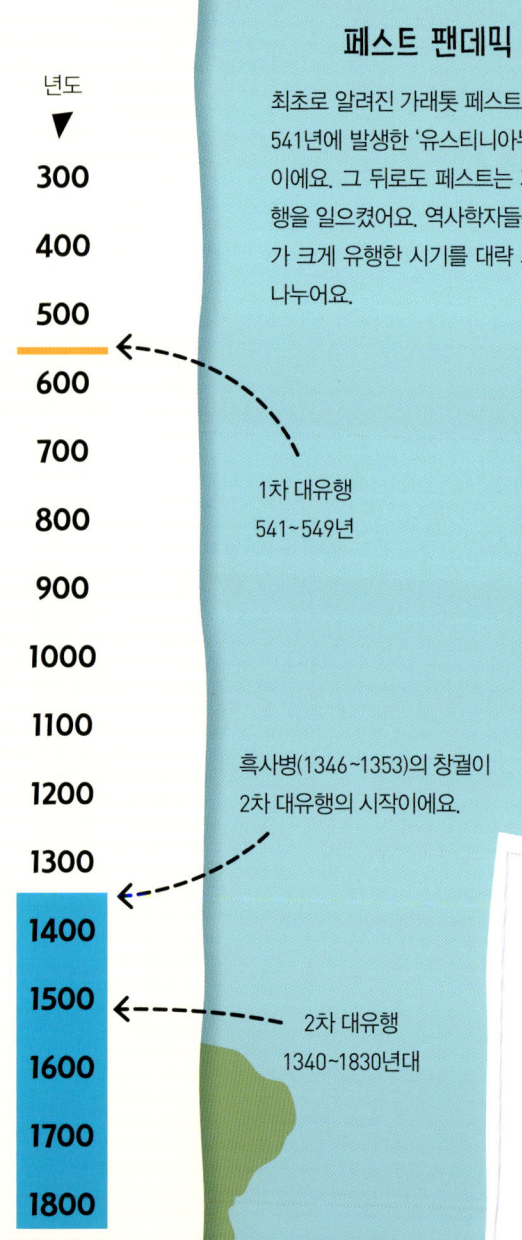

년도

300
400
500
600
700
800
900
1000
1100
1200
1300
1400
1500
1600
1700
1800
1900
2000

1차 대유행
541~549년

흑사병(1346~1353)의 창궐이 2차 대유행의 시작이에요.

2차 대유행
1340~1830년대

3차 대유행
1855~1945년

페스트가 번진 경로

전문가들은 흑사병이 1340년대 초 몽골 또는 중국의 어느 지역에서 시작된 것으로 추정해요. 페스트균은 무역로를 따라 아시아와 아프리카 일부 지역으로 번졌어요. 그리고 1347년, 흑해를 건너 시칠리아섬에 도착한 배들을 통해 유럽 전역과 그 주변으로 퍼져 나갔지요.

페스트균을 옮기는 쥐와 벼룩

가래톳 페스트는 세균이 일으키는 질병이에요. 페스트균은 쥐 등 작은 포유동물에게서 발견되는데, 사람에게 옮을 수 있어요. 세균에 감염된 쥐를 문 벼룩이 다시 사람을 물면서 옮기는 거예요. 페스트균은 사람에게서 사람으로도 전파되는데, 벼룩에 물린 사람과 접촉하거나 공기를 통해 전염되어요.

흑사병 팩트 체크!

흑사병이 대유행하면서 최소 7천5백만 명이 죽었는데, 많게는 2억 명가량이 목숨을 잃은 걸로 추정해요. 1300년대 유럽에서는 흑사병으로 전체 인구의 3분의 1이 사망했어요.

지도 읽기

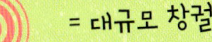 = 대규모 창궐

→ = 전염 경로

페스트에 걸리면 어떻게 될까?

페스트에 걸린 환자는 고열과 오한, 두통, 각종 통증에 시달렸어요. 넓적다리 윗부분 등 림프샘이 많은 곳에는 '가래톳'이라는 멍울이 생겨났고요. 끔찍할만큼 고통스러웠다지요! 운 좋게 살아남는 사람도 있었지만, 많은 사람들이 얼마 견디지 못하고 사망했어요.

면역이 필요해!

미생물은 언제나 우리와 함께하고 있어요. 그런 것치고는 팬데믹이 드물게(?) 일어나지요. 그건 바로 우리 몸에 '면역계'가 있기 때문이에요. 우리는 이 면역계 덕분에 병을 일으키는 세균이나 바이러스를 대개는 잘 물리칠 수 있거든요.

고마운 인체의 면역계

면역계에는 다양한 방어막이 있어요. 방어막들은 병을 일으키는 미생물이 우리 몸에 들어오는 것을 막고, 어쩌다 몸에 침입하는 데 성공한 균이나 바이러스를 죽이기도 하지요. 어떻게 하는지 함께 살펴볼까요?

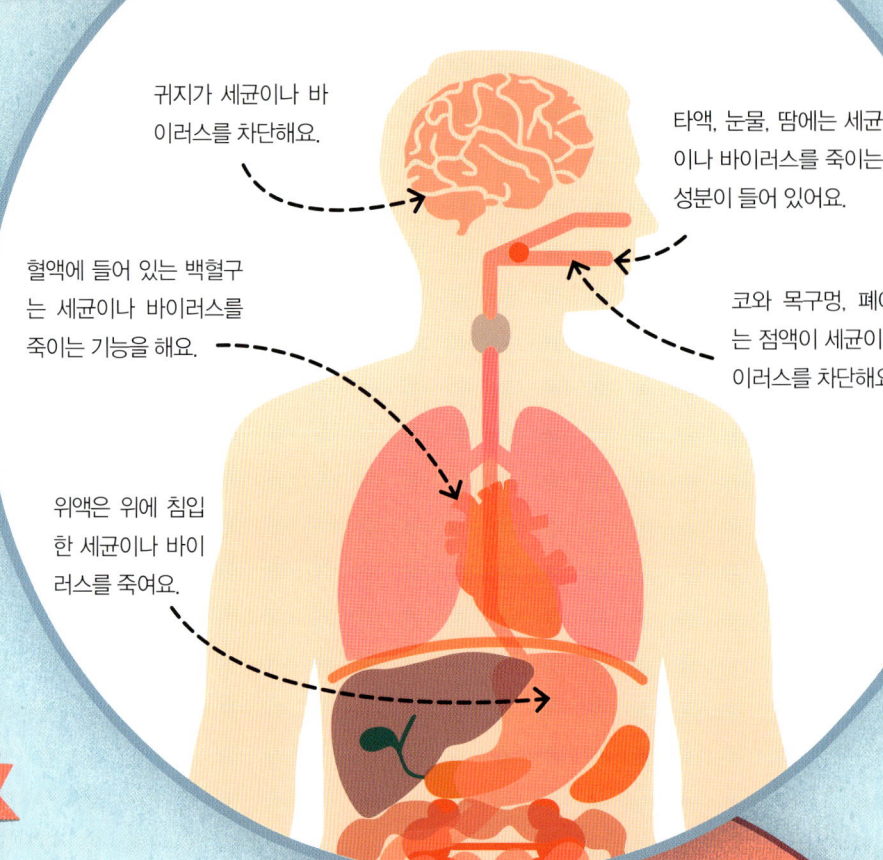

귀지가 세균이나 바이러스를 차단해요.

타액, 눈물, 땀에는 세균이나 바이러스를 죽이는 성분이 들어 있어요.

혈액에 들어 있는 백혈구는 세균이나 바이러스를 죽이는 기능을 해요.

코와 목구멍, 폐에 있는 점액이 세균이나 바이러스를 차단해요.

위액은 위에 침입한 세균이나 바이러스를 죽여요.

세균과 바이러스를 물리치다!

우리 몸이 새로운 세균이나 바이러스에 감염되면 백혈구가 재빨리 알아채고 '항체'라는 물질을 만들어서 공격해요. 또 백혈구는 한번 몸 안에 들어왔던 침입자를 기억해 두었다가 다음에 같은 침입자가 또 들어오면 즉시 찾아내 죽여요. 이게 바로 우리 몸에 면역이 생기는 원리예요. 면역이 생기면 침입자를 쉽게 물리칠 수 있어요. 한번 수두를 앓은 사람은 면역이 생겨서 다시 걸리지 않는 것처럼 말이에요.

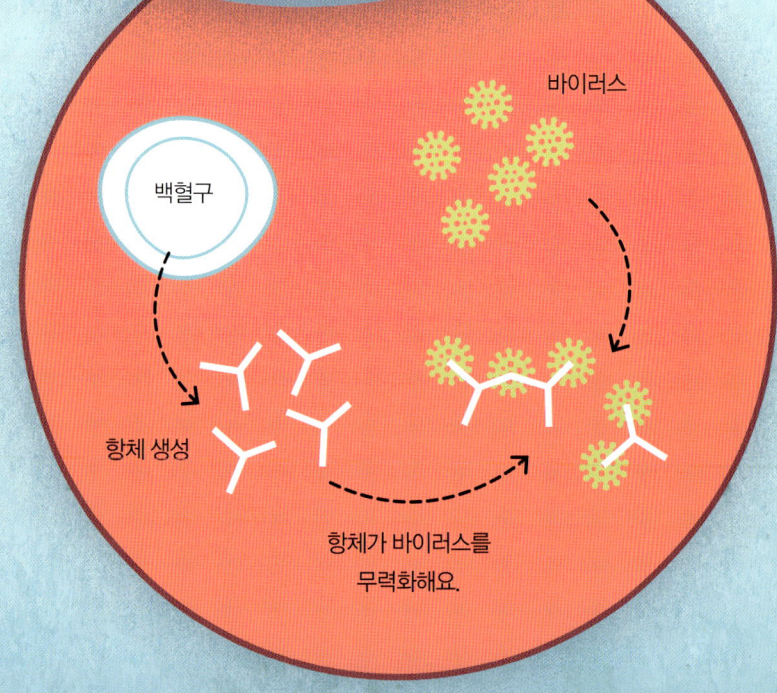

백혈구

바이러스

항체 생성

항체가 바이러스를 무력화해요.

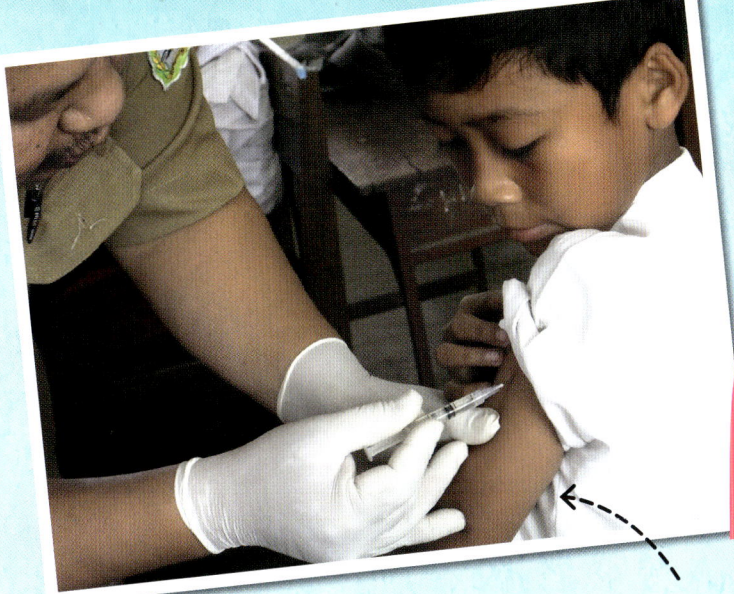

백신 예방 접종

백신 예방 접종의 원리도 마찬가지예요. 백신은 세균이나 바이러스의 일부 부위를 제거하고 만들어요. 그래서 접종을 해도 우리 몸에 병을 일으키지 않아요. 백신 덕분에 진짜 병을 일으키는 세균이나 바이러스를 면역계가 기억해 두었다가 침입자가 나타나면 발견 즉시 공격할 수 있는 거예요.

백신 예방 접종을 하면 홍역이나 유행성 독감 등 많은 질병으로부터 우리 몸을 지킬 수 있어요.

세균과 바이러스의 변이

우리 주위에는 질병을 일으키는 미생물이 상당히 많지만 사람들은 대부분의 미생물에 면역이 되어 있어요. 가끔씩 독감 또는 감기에 걸리거나 배탈이 나기도 하지만, 우리 몸은 며칠이면 이들을 거뜬히 물리칠 수 있지요.

그렇지만 다른 모든 생물과 마찬가지로 세균이나 바이러스도 시간이 지나면서 변해요. 때로는 새로운 형태나 성질을 띤 '변종'이 만들어지기도 하는데, 주로 동물에게서 사람으로 전파될 때 변이가 일어나지요. 새로운 변종에는 사람들이 면역되어 있지 않아서 쉽게 퍼져 나가고, 그만큼 많은 사람들이 병에 걸릴 수 있어요. 이것이 심해지면 팬데믹으로 이어질 수 있답니다!

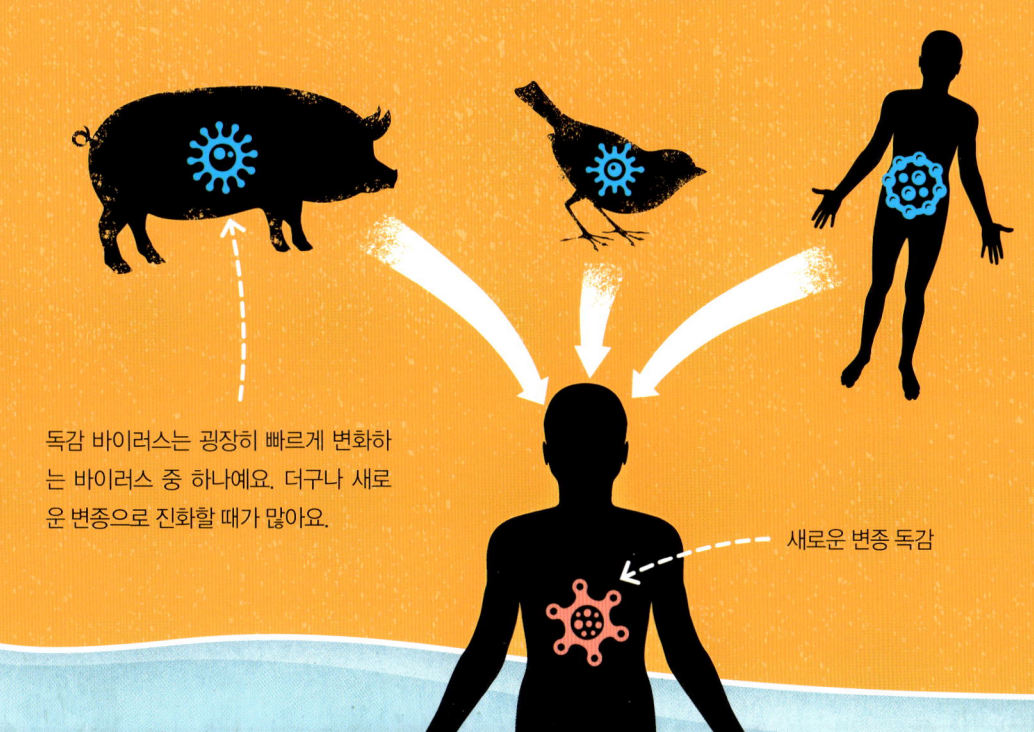

독감 바이러스는 굉장히 빠르게 변화하는 바이러스 중 하나예요. 더구나 새로운 변종으로 진화할 때가 많아요.

새로운 변종 독감

팬데믹 초기 단계

팬데믹이 시작된 초기에는 무슨 일이 벌어지고 있는지 사람들이 쉽게 알아챌 수 없어요. 보통은 무언가 위험한 미생물이 새롭게 등장했고, 그 때문에 사람들이 아프기 시작한다는 것 정도만 알 수 있을 뿐이에요.

팬데믹의 징후를 감지하다

새로운 세균이나 바이러스의 출현은 대개 병원의 의사들이 먼저 알아차리게 되어요. 매일 아픈 사람들을 만나니까, 변화가 일어나면 쉽게 눈치채는 거예요. 의사들은 아래와 같은 징후를 감지하지요.

★ 평소보다 병원에 오는 환자가 많아요.
★ 많은 사람이 비슷한 증상을 보여요.
★ 평상시보다 사망률이 높아요.
★ 일정한 유형이 보여요. 예를 들어, 특정한 연령대의 사람에게 주로 나타난다거나 하는 거예요.

① 주의, 새로운 바이러스가 나타났다!

새로운 세균이나 바이러스가 나타난 건 아닐까, 하는 의심이 들면 병원은 곧바로 정부에 알리게 되어요. 세계 각국 정부는 팬데믹에 대한 대비책을 미리 세워 놓고 있어서, 최대한 빠르게 행동에 나설 수 있어요. 정부는 전국의 병원에 경계령을 내려 새로운 감염 사례를 찾아보게 하고, 전문가 집단을 모아 새롭게 등장한 세균이나 바이러스를 연구하지요.

❷ 정체가 뭘까?

전문가들은 의심이 가는 미생물의 정체를 파악하기 위해 현미경으로 관찰해요. 세균일까, 바이러스일까? 아니면 독감 등 다른 질병의 변종일까? 그것도 아니면 완전히 새로운 질병일까?

❸ 어떻게 퍼진 거야?

전문가들은 환자들이 다녀간 곳을 추적해 사람들이 어떻게 세균이나 바이러스에 감염되었는지 파악해요. 공기를 통한 감염일까, 혹은 물을 통한 감염일까? 특정한 장소와 관계가 있는 걸까, 아니면 동물에게서 온 걸까?

❺ 전염을 차단해요

아직 팬데믹을 막을 기회가 있어요! 즉시 아래와 같은 조처를 취해야 해요.

★ 감염된 환자를 분리된 병실에서 치료해요.
★ 보호 장비를 이용해 의료진을 보호해요.
★ 환자가 접촉한 사람들을 선별해서 전원 검사해요.
★ 다른 나라에서 입국하는 사람들을 '격리'해요. 격리란 일정 기간 동안 다른 사람들과 분리된 공간에 머물면서 증상이 나타나는지 확인하는 과정을 말해요.

❹ 진단 검사를 설계해요

전문가들은 세균이나 바이러스의 유전 암호(생물체 내부에 존재하면서 생명 활동을 결정하는 물질이에요.)를 이용해서 질병에 걸렸는지 진단할 수 있는 검사 방법을 설계해요.

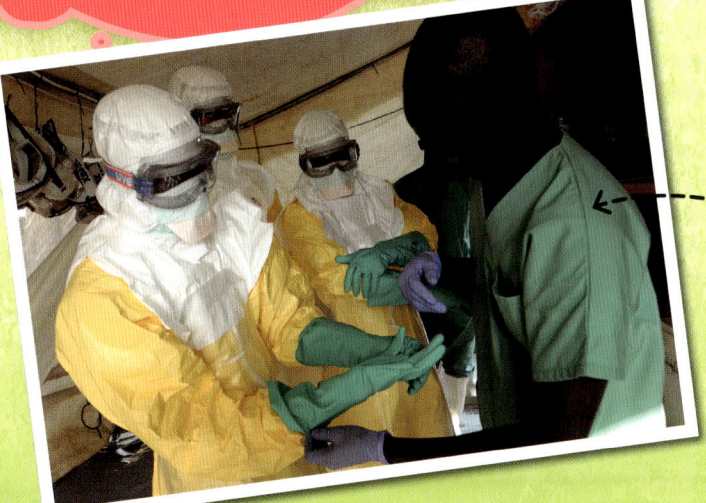

아프리카에서 치명적인 질병인 에볼라가 여러 차례 발생했어요. 그렇지만 앞서 말한 여러 조처를 취해 팬데믹으로 번지는 걸 막을 수 있었지요.

걷잡을 수 없는 감염 단계

한번 발생한 질병이 일정 시간 내에 수그러들지 않으면, 그 뒤로는 빠른 속도로 먼 곳까지 번져 추적이 불가능해져요. 동일한 감염병이 여러 국가의 수많은 사람들에게서 나타나기 시작하면 공식적으로 팬데믹을 선언하게 되지요.

사람에 의해 전파된다고?

대개 새로운 질병은 한 장소에서 나타난 다음 다른 곳으로 퍼져 나가는데, 자신이 감염된 것을 모르거나 때로는 알면서 다른 지역으로 이동하는 사람들을 통해 번지게 되어요.

팬데믹에 영향을 미치는 요인

세균이나 바이러스가 얼마나 빨리 퍼지느냐, 또는 얼마나 높은 확률로 팬데믹으로 이어지느냐에 따라 영향을 미치는 요인이 다양해요.

★ 대도시에서 더 빨리 퍼져요. 많은 사람이 출근하고, 학교에 가고, 친구를 만나느라 자주 이동하니까요.

★ 공기를 통해 사람들 사이로 전염될 수 있는 경우에 더 빨리 퍼져요.

★ 수도나 화장실 등 위생 시설이 잘 갖춰지지 않은 환경에서 더 빨리 퍼져요.

감염 재생산 지수

팬데믹 상황에서는 '감염 재생산 지수'가 중요해요. 감염 재생산 지수는 감염병에 걸린 한 사람이 얼마나 많은 사람에게 병을 전파하는지 보여 주는 수치예요. 예를 들어 감염 재생산 지수가 3이라면, 평균적으로 감염자 한 사람이 다른 세 사람에게 병을 옮긴다는 뜻이에요. 그럼 감염되는 사람의 수가 굉장히 빠르게 늘어나겠지요.
(지수가 1이상이면 '유행 확산'이니까 3은 굉장히 빠른 속도랍니다.)

세계 보건 기구(WHO)

세계 보건 기구는 전 세계인의 건강을 지키기 위해 만들어진 국제기구예요. 과거에는 팬데믹의 기준이 없었지만, 현재는 세계 보건 기구에서 감염병이 발생해 위험 단계에 다다르면 공식적으로 팬데믹을 선언한답니다. 그러고 나서 각종 권고 사항을 발표하고, 질병이 전파되는 경로를 추적하고, 사망자 수를 집계하지요.

세계 보건 기구의 사무총장 테드로스 아드하놈 박사가 코로나바이러스 팬데믹에 대해 발언하고 있어요.

똑똑! 정보 창고
1918~1919년의 독감 팬데믹

1918년에서 1919년 사이에 세계적으로 크게 유행한 독감은 '스페인 독감'이라는 이름으로도 잘 알려져 있어요. 이는 인류 역사상 가장 치명적인 독감이었어요. 현대에 벌어진 팬데믹 중에서 단연 최악이기도 했어요.

전파가 시작되다

독감 팬데믹이 어디서 시작되었는지는 확실하지 않아요. 새로운 변종 독감이 최초로 보고된 건 1918년 초였어요. 미국 캔자스주의 훈련병 부대에서 독감이 유행하기 시작했고, 1918년 7월 즈음에는 아메리카 대륙과 유럽, 그리고 아시아와 오스트레일리아로 번졌지요.

1918년은 제1차 세계 대전의 마지막 해였어요. 독감 팬데믹은 더 악화되었답니다. 군인들이 여러 지역으로 이동하는 과정에서 바이러스에 감염되었고, 바이러스는 군인들로 빽빽한 야전 병원과 군 막사에서 빠르게 퍼졌거든요.

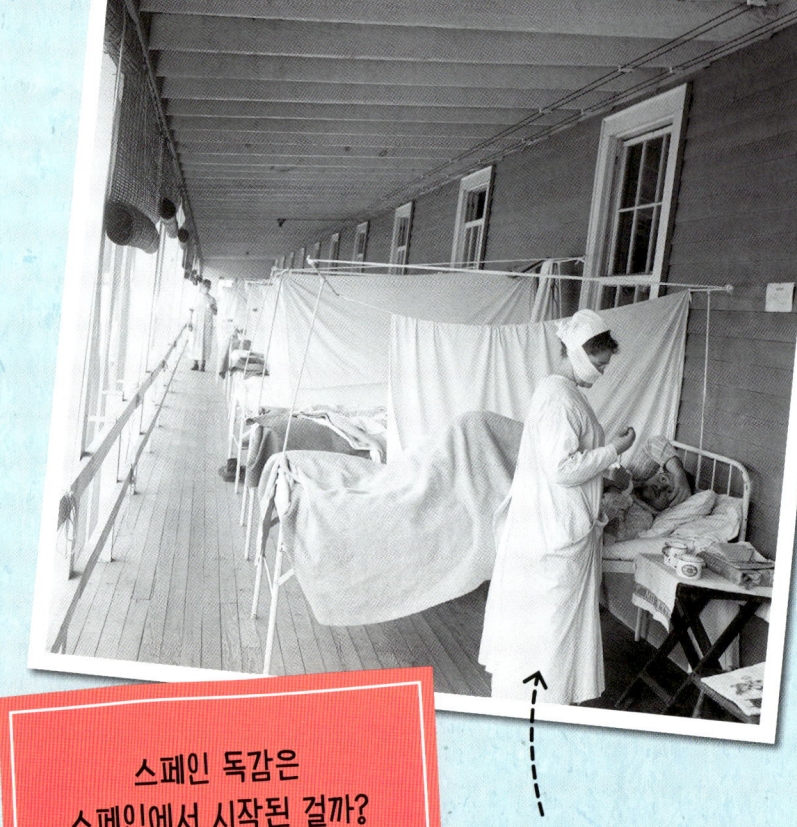

스페인 독감 팬데믹 기간에 환자를 돌보는 간호사의 모습이에요.

스페인 독감은 스페인에서 시작된 걸까?

아니에요! 스페인 독감이라는 이름은 스페인 언론이 가장 먼저 이 독감에 대해 다루었기 때문에 붙은 이름이에요. 사실 전문가들도 아직 어디서 시작되었는지 정확하게 알지 못해요. 유럽이나 미국, 아시아 대륙 어딘가에서 시작되었을 거예요.

유행의 주기

1918년의 독감은 유행하는 주기가 있었어요. 상황이 나빠졌다가 좋아지고, 다시 나빠졌지요. 팬데믹이 일어나면 이런 형태를 자주 보이는데, 이를테면 바이러스가 새로운 지역에 퍼질 때 또는 감염에 대한 방비가 느슨해질 때 상황이 나빠지곤 해요. 독감은 추운 겨울에 더 쉽게 퍼지기 때문에, 겨울철에 새로운 유행이 시작될 수도 있어요.

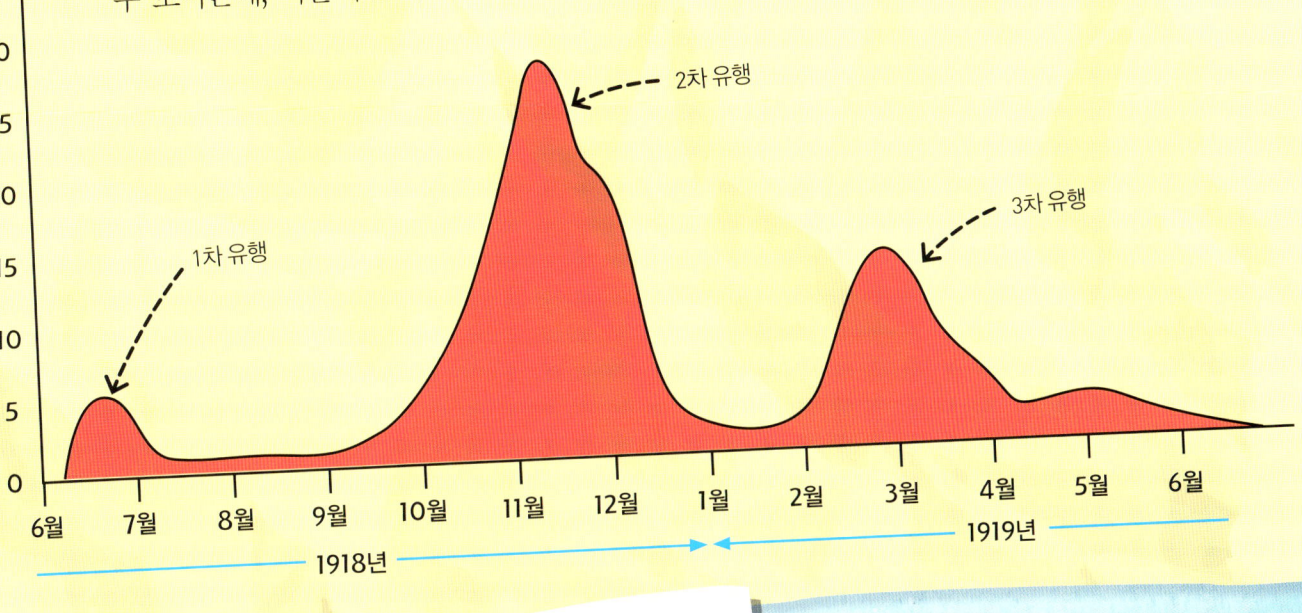

독감의 증상

독감은 종류에 따라 증상이 조금씩 달라요. 1918년에 유행한 독감은 대부분 폐렴으로 발전했어요. 폐렴에 걸리면 폐에 염증이 생기면서 체액으로 가득 차 숨 쉬기가 힘들어지지요. 이 때문에 1918년의 독감은 유례없이 치명적이었답니다.

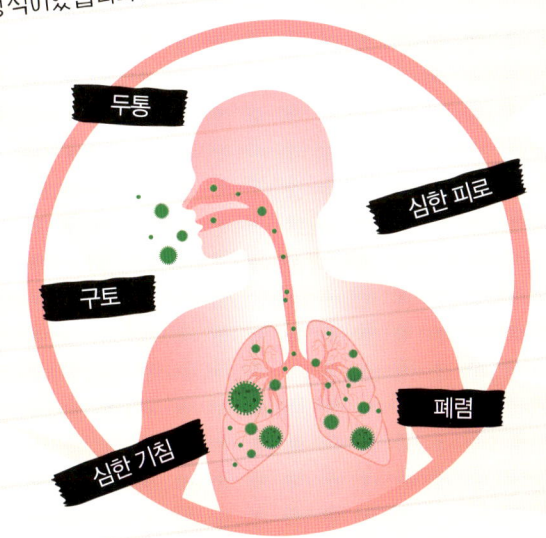

스페인 독감 팩트 체크!

★ 전 세계에서 약 5억 명이 걸렸어요.

★ 많게는 5천만 명이 사망했는데, 이 독감에 걸린 사람의 약 10퍼센트에 달하는 숫자예요.

★ 제1차 세계 대전보다 독감 팬데믹 때문에 더 많은 사람이 죽었어요.

앗, 봉쇄 단계

팬데믹이 벌어지면 각국 정부는 감염병이 퍼지는 걸 막기 위해 다양한 노력을 기울여요. 그중 하나가 '봉쇄령'이에요. 공공시설의 문을 닫고 사람들을 집 안에 머물게 하는 방법이지요.

질병이 공기나 사람 간의 접촉을 통해 전파된다면, 봉쇄령은 감염을 막는 좋은 방법이에요. 사람들을 한시적으로 집에만 머무르게 하면 병이 퍼지는 걸 늦출 수 있으니까요.

★ 학교도 휴교를 하고, 학생들은 집에서 공부하거나 온라인으로 수업에 참여하지요.

봉쇄령이 내려졌을 때의 일상

★ 사람들이 모이거나 붐비는 장소는 일시적으로 폐쇄해요.

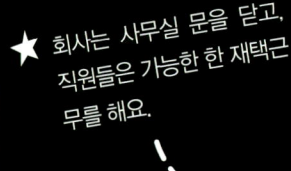

★ 회사는 사무실 문을 닫고, 직원들은 가능한 한 재택근무를 해요.

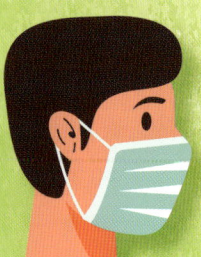

마스크 착용은 세균이나 바이러스가 퍼지는 걸 막는 데 도움이 되어요.

사람들은 서로 안전한 간격을 유지해야 해요. 이를 '사회적 거리 두기'라고 해요.

2미터

어떤 나라는 봉쇄령을 강제로 집행하는 법을 통과시키기도 했답니다.

★ 병원이나 슈퍼마켓은 문을 열지만, 꼭 필요할 때만 갈 수 있어요.

★ 항공편이 줄줄이 취소되고 여행은 대부분 금지되어요.

★ 도서관 같은 공공시설 역시 문을 닫아요.

★ 레스토랑과 카페, 술집도 문을 닫아요.

옛날에도 봉쇄령이?

봉쇄령이나 마스크 착용, 사회적 거리 두기는 수백 년 동안 감염병이 크게 유행할 때마다 사용한 방법이에요. 1630년대에 의사들은 페스트 환자를 진찰할 때 약초나 향신료로 채워진 새 부리 모양의 마스크를 썼어요. 당시에는 약초나 향신료가 질병으로부터 사람을 보호해 준다고 믿었거든요.

1665년, 가래톳 페스트가 영국의 런던에 창궐했어요. 런던에서 온 화물 때문에 더비셔주 이임 마을에도 페스트가 번지기 시작했지요. 그러자 마을 주민들 스스로 나서 아무도 마을을 떠나지 못하게 했어요. 결국 주민의 4분의 3가량이 페스트에 걸려 사망했지만, 이들의 빠른 조처는 페스트가 퍼지는 걸 막는 데 도움이 되었답니다.

1918년 독감 팬데믹 시기. 미국 뉴욕에서는 엄격한 봉쇄령을 시행했어요. 사람들이 마스크를 쓰고 텅 빈 거리를 소독하고 있는 모습이에요.

페스트 방지 마스크와 보호용 의복을 입은 17세기 의사의 모습이에요. 당시 의사들은 지팡이를 가지고 다녔는데, 환자를 직접 만지지 않은 채 환자의 몸을 가리키거나 검사하는 데 사용했어요.

팬데믹이 만들어 내는 문제들

팬데믹은 그 자체로 문제가 되어요. 많은 사람이 병에 걸려 아플 뿐 아니라 목숨을 잃게 되는 상황에 놓여 있는 거니까요. 팬데믹이 다양한 분야의 다른 문제로 이어질 수도 있어요.

건강에 닥친 위기

팬데믹 시기에는 병원 치료를 받아야 하는 환자들이 무척 많아요. 그렇다 보니 병원의 병상이 충분하지 않을 수도 있고, 의료진과 의료 장비, 치료제가 부족할 수도 있어요. 게다가 사람들은 다른 병으로 아플 수가 있고, 여러 가지 사고로 다치기도 해요. 그런데 병원이 팬데믹 환자들로 꽉 차 있으면 다른 환자들이 신속하게 치료받기가 어려워져요. 혹시라도 전염될까 봐 병원 가는 일 자체를 꺼리는 사람들도 생겨나고요. 결과적으로 팬데믹으로 인해 죽는 사람뿐 아니라, 팬데믹이 아닌 다른 이유로 사망하는 사람이 늘어나게 되지요.

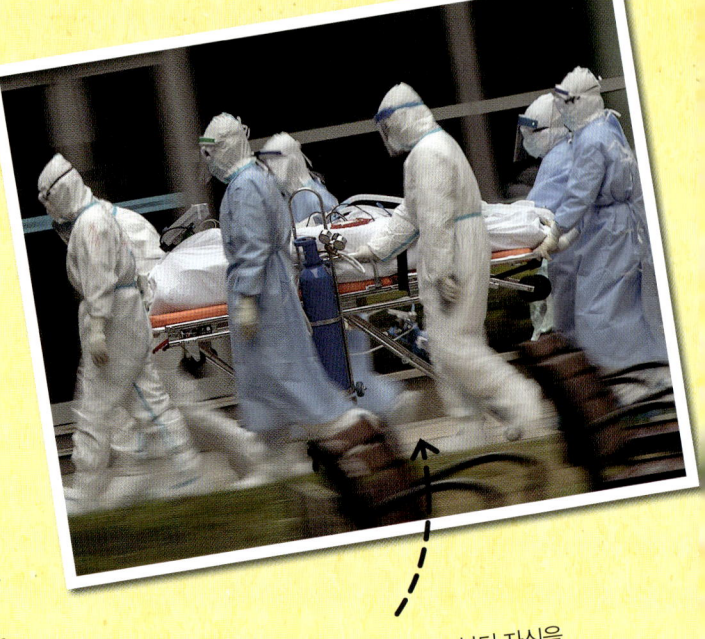

의료진은 세균이나 바이러스로부터 자신을 보호하기 위해 개인 보호 장비를 착용해요.

경제적 빈곤의 증가

팬데믹 상황에서는 경제가 심각한 악영향을 받아요. 건강한 경제에서는 대부분의 사람들이 일을 해요. 그렇게 일을 해서 돈을 벌고 또 돈을 쓰면서 돈이 충분히 돌고 도는 거예요. 그리고 정부에 세금도 내죠. 정부는 세금으로 병원과 학교를 짓고 복지 제도를 운용해요.

사람들이 일하고, 월급을 받고, 물건을 사면서 돈이 계속해서 돌아요.

악화되는 정신 건강

이런 모든 문제들은 정신 건강에도 영향을 미쳐요. 사람들은 스트레스가 늘고, 불안해하고, 또 우울해할 수 있어요. 봉쇄령이 내려져 있는 동안 집에만 계속 머무는 것도 나쁜 영향을 줄 수 있겠지요.

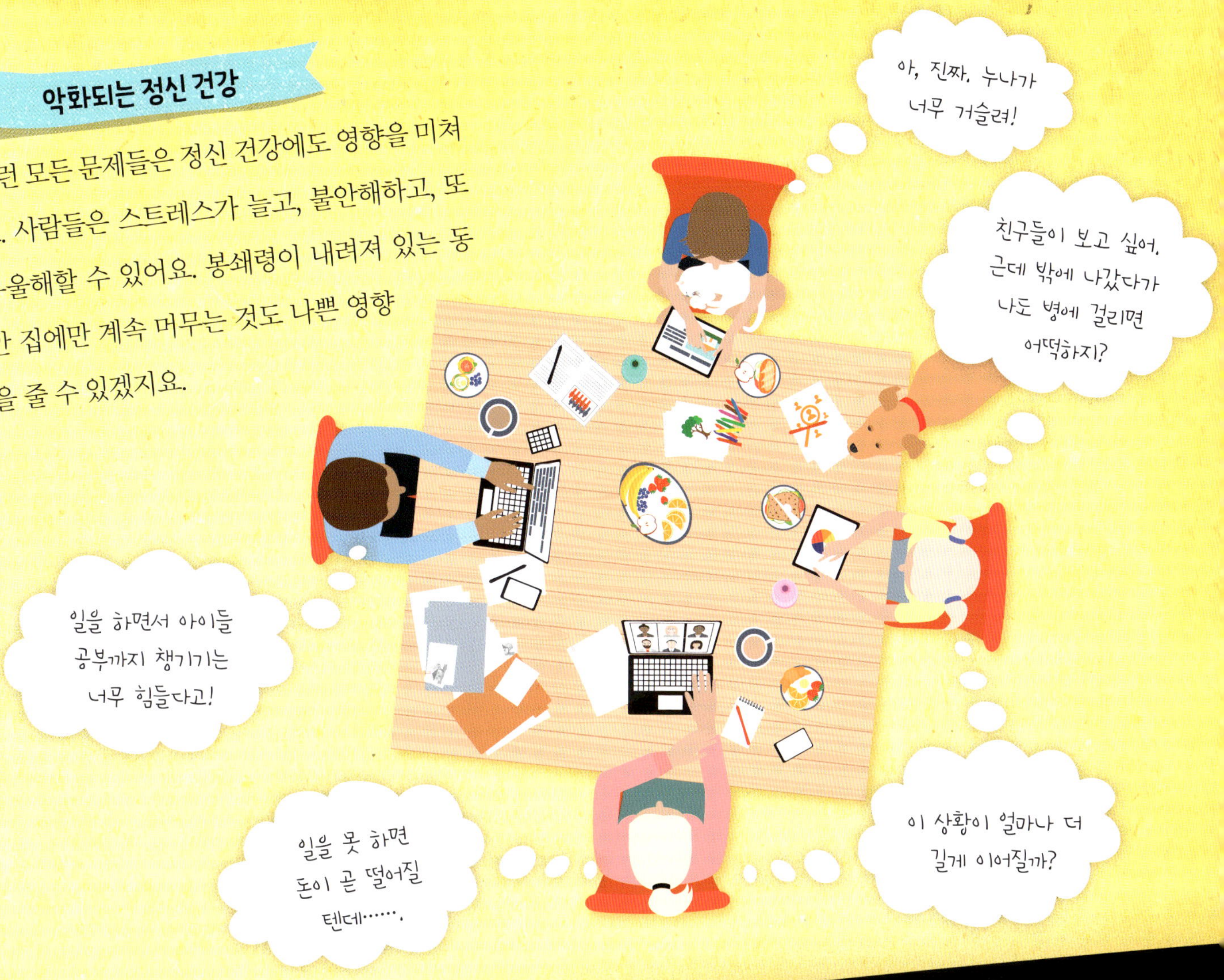

아, 진짜. 누나가 너무 거슬려!

친구들이 보고 싶어. 근데 밖에 나갔다가 나도 병에 걸리면 어떡하지?

일을 하면서 아이들 공부까지 챙기기는 너무 힘들다고!

일을 못 하면 돈이 곧 떨어질 텐데……

이 상황이 얼마나 더 길게 이어질까?

팬데믹이 벌어지면 회사들이 문을 닫고 각종 행사도 취소되어요. 사람들은 일자리를 잃고 상점들은 파산해요. 사람들이 일자리를 잃으면 쓸 돈도 없어지겠지요? 모두가 가난해지는 거예요.

예를 들어, 사람들이 직장을 잃게 되어 줄줄이 결혼식을 취소한다면, 결혼식 관련 회사가 손해를 보게 되고, 업계의 수많은 사람들이 일자리를 잃게 되어요.

똑똑! 정보 창고
코로나바이러스감염증-19 팬데믹

2019년 말, 중국 우한의 의사들이 새롭게 발견한 치명적인 질병의 초기 징후를 보고했어요. 그 후 몇 달이 지나지 않아 '코로나바이러스감염증-19'라는 질병이 전 세계를 팬데믹으로 몰아넣었지요.

코로나바이러스감염증-19란?

코로나바이러스감염증-19는 호흡과 관련된 기관에 문제를 일으키는 질환이에요. 감염이 되면 대부분 심하지 않은 증상을 보이지만, 때로는 폐렴으로 발전하거나 장기 부전(우리 몸속 기관들이 제 기능을 못하는 현상)이 나타나요.

중국 우한시의 전경이에요.

코로나바이러스

코로나바이러스감염증-19는 코로나바이러스가 원인이에요. 코로나바이러스에는 여러 종류가 있는데, 각기 서로 다른 질병을 일으키지요. 주변에서 흔히 볼 수 있는 감기도 코로나바이러스가 일으킬 때가 있어요. 이번에 발생한 팬데믹은 신종 코로나바이러스 때문이에요. 2019년에 변이한 것으로 추정하고 있어요.

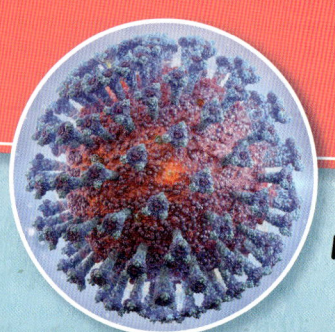

코로나바이러스감염증-19의 증상

- 열
- 피로
- 계속되는 기침
- 숨이 참
- 냄새와 맛을 못 느낌

코로나바이러스라는 이름은 '왕관을 쓴 바이러스'라는 뜻이에요. 코로나바이러스의 겉면은 뾰족하게 생긴 작은 돌기로 뒤덮여 있는데, 그 모습이 왕관의 뾰족한 장식과 닮았다고 해서 붙은 이름이랍니다.

코로나바이러스감염증-19의 진행 과정

2020년 1월 말 즈음이 되자, 신종 코로나바이러스는 전 세계 20여 개가 넘는 국가로 번졌어요. 의사와 과학자들은 다음과 같은 사실을 밝혀냈지요.

- ☼ 코로나바이러스감염증-19는 노년층에게 더 위험해요. 당뇨병 등 다른 질환이나 건강상의 문제가 있는 사람들에게 치명적이고요.
- ☼ 코로나바이러스는 기침을 하거나 말을 할 때 퍼져요. 감염된 사람이나 오염된 물건에 접촉하면 옮을 수 있어요.
- ☼ 바이러스에 감염된 사람들의 약 1퍼센트가 사망해요.
- ☼ 바이러스에 감염되었을 때 별 증상이 없을 수도 있어요. 그렇지만 무증상 상태에서도 다른 사람을 감염시킬 수 있어요.

전 세계적 봉쇄

세계 각국의 정부는 코로나바이러스를 물리치기 위해 봉쇄령을 시행하고 질병의 경로를 추적하는 검사 프로그램을 도입했어요. 뉴질랜드와 베트남 등은 감염률이나 사망 사례가 아주 낮은 수치를 보여서 방역에 성공했다고 평가받아요. 하지만 브라질이나 미국처럼 높은 감염률에 수많은 사망자를 낸 나라도 있지요.

몇몇 나라에서는 봉쇄령과 마스크 쓰기를 거부하는 시위가 일어나기도 했어요.

코로나바이러스감염증-19 타임라인

2019년
- 12월 29일 — 새로운 질병 발생에 대한 최초 보고

2020년
- 1월 9일 — 최초의 사망자 발생
- 1월 13일 — 중국 외 지역 최초 감염자 발생
- 1월 21일 — 북아메리카 최초 감염자 발생
- 1월 24일 — 유럽 최초 감염자 발생
- 1월 25일 — 오스트레일리아 최초 감염자 발생
- 1월 26일 — 남아메리카 최초 감염자 발생
- 2월 14일 — 아프리카 최초 감염자 발생
- 3월 6일 — 전 세계 감염자 수 10만 명 초과
- 3월 11일 — 세계 보건 기구, 팬데믹 선언
- 4월 3일 — 전 세계 감염자 수 100만 명 초과
- 4월 10일 — 전 세계 사망자 수 10만 명 초과
- 6월 28일 — 전 세계 감염자 수 1,000만 명 초과
- 7월 14일 — 백신 초기 실험 성과 확인
- 7월 22일 — 전 세계 감염자 수 1,500만 명 초과
- 8월 10일 — 전 세계 감염자 수 2,000만 명 초과
- 9월 18일 — 전 세계 감염자 수 3,000만 명 초과
- 9월 28일 — 전 세계 사망자 수 100만 명 초과
- 10월 1일 — 많은 국가에서 2차 유행 보고
- 11월 9일 — 효과적인 백신 개발, 팬데믹 퇴치에 유용하다는 실험 결과 도출
- 11월 25일 — 전 세계 감염자 수 6,000만 명 초과
- 12월 8일 — 영국에서 세계 최초로 백신 접종 시작

해결책을 찾아서

팬데믹이 벌어지는 동안 많은 과학자와 의사, 그리고 각국 정부는 서로 협력하여 질병을 진단하는 검사법을 개발하고, 치료법과 치료제, 그리고 백신을 만들기 위해 노력해요.

진단 검사와 추적

각국 정부는 감염병의 전파를 억제하기 위해 진단 검사를 하고 감염 경로를 추적해요. 검사에서 양성 반응을 보인다면 바이러스나 세균에 감염되었다는 뜻이기 때문에 가까이 접촉한 사람들은 반드시 자가 격리를 해야 해요. 그리고 조금이라도 증상이 나타난다면 바로 검사를 받아야 하지요.

코로나바이러스를 검사할 때, 의료진은 검사받는 사람의 코와 목구멍에서 표본을 채취해요. 그런 다음 표본에 바이러스가 있는지 검사하지요.

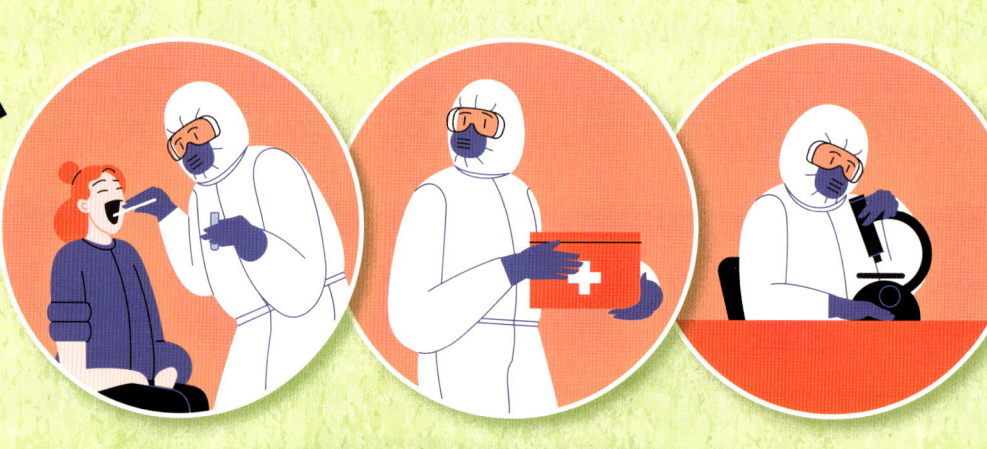

검사 결과 양성 판정을 받았어요. 바이러스에 감염되었다는 뜻이니까, 반드시 다른 사람들과 거리를 두어야 해요.

양성 판정을 받은 사람과 접촉한 사람들 역시 모두 자가 격리해야 해요. 또 증상이 나타나기 시작하면 바로 검사를 받아야만 하지요.

그럼 그 외의 다른 사람들은 바이러스에 감염될 확률이 줄어들어요.

28

관리와 치료

감염병이 크게 유행하면 의사들은 여러 가지 치료법을 시도하고 새로운 방법을 고안해요. 예를 들어, 1980년대에 에이즈 바이러스가 처음 퍼지기 시작했을 때만 해도 아무런 치료법이 없었어요. 그렇지만 지금은 여러 종류의 약이 개발되어서 에이즈 바이러스에 감염된 환자도 건강하게 일상생활을 할 수 있지요.

1940년대 이후로 인류는 세균을 죽이는 약인 '항생제'를 사용해 왔어요. 항생제 덕분에 가래톳 페스트와 콜레라 등 한때 전 세계적인 유행을 일으켰던 세균성 질병들을 통제할 수 있게 되었죠.

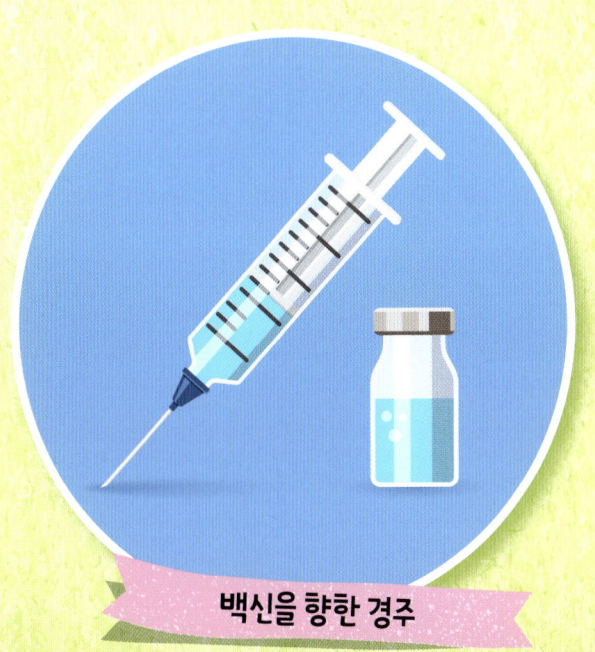

백신을 향한 경주

전문가들은 팬데믹을 일으킨 바이러스나 세균을 이용해서 백신을 개발해요. 백신을 개발하려면 아주 신중하게 여러 차례 시험을 거쳐야 해서, 개발하는 데 짧게는 몇 달에서 길게는 수년이 걸리지요. 그렇지만 백신 개발이 완료되면 사람들을 질병에서 보호하고 팬데믹을 종식하는 데 큰 역할을 하게 되어요.

굿바이, 천연두!

천연두는 인류 역사에서 수백만 명의 목숨을 앗아 간 치명적인 질병이에요. 그렇지만 1950년대 이후 세계 곳곳에서 천연두 백신 예방 접종이 시행되면서 차츰 모습을 감추어 가다가, 1980년에 지구상에서 완전히 추방되었어요.

다시 일상으로 돌아갈 수 있을까?

사람들이 하나둘 회복되고 백신 접종을 시작하면, 팬데믹은 바야흐로 끝이 보이게 되어요. 하지만 우리가 다시 예전처럼 일상생활로 돌아가는 데에는 여전히 많은 시간이 필요하지요.

잃어버린 직장과 부족한 돈

질병으로부터 안전이 보장되면 많은 상점과 카페, 공공시설이 다시 문을 열어요. 그런데 이건 그때까지 남아 있어야 가능한 일이에요. 팬데믹이 발생하면서 회사와 상점이 파산하거나 폐업하게 되면 많은 사람이 직장을 잃게 되어요. 새로운 사업을 다시 시작하고 사람들이 새로운 일자리를 구하려면 시간이 더 필요하겠지요.

팬데믹이 건강에 미치는 부정적인 영향

팬데믹은 사람들의 건강에 나쁜 영향을 미쳐요. 심지어 감염되지 않은 사람들에게도 영향을 미치지요. 팬데믹이 종식된 뒤에도 이어질 확률이 매우 높아요.

★ 빈곤한 사람들이 늘어나면서, 영양가가 없는 식단과 나쁜 주거 환경 때문에 생기는 질환을 앓을 수 있어요.

★ 정신 건강에 문제가 생기기도 해요. 외출하거나 사람들이 많은 장소에 가는 것을 불안해할 수도 있거든요.

★ 사랑하는 가족을 잃은 사람들은 슬픔과 상실감에 시달리게 되어요.

★ 경제에 심한 타격을 받은 나라에서는 국민의 건강을 돌보는 데 쓸 수 있는 돈이 충분치 않을 거예요.

도움의 손길

부유한 국가라면 경제를 다시 일으킬 계획을 세울 수 있어요. 국민에게 새로운 사업을 시작할 수 있도록 보조금을 지급하고, 식당 등에서 사용할 수 있는 쿠폰을 발급할 수도 있지요.

달리 말하면, 부유한 국가일수록 더 빨리 경제를 회복할 수 있다는 뜻이에요. 가난한 국가들은 더욱 긴 시간 동안 고통받겠지요.

세상을 바꾸는 계기

때때로 팬데믹은 세상의 모습을 완전히 바꾸기도 해요. 흑사병이 지나간 유럽에서는 밭에서 일할 사람이 크게 부족해졌어요. 많은 사람이 한꺼번에 목숨을 잃었기 때문이에요. 당시 일꾼들은 땅 주인에게 더 많은 품삯과 더 나은 대우를 요구할 수 있었어요.

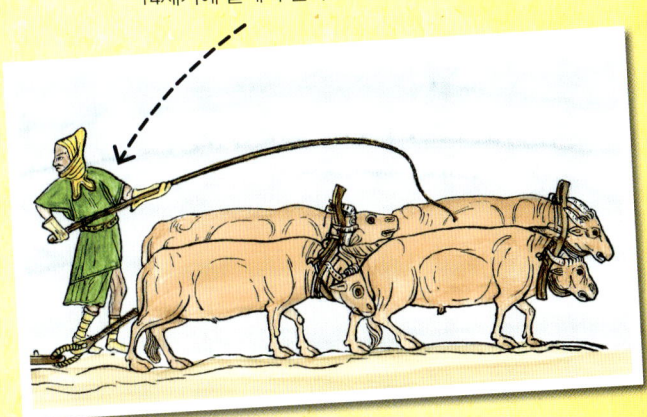

14세기에 밭에서 일하는 사람의 모습이에요.

1918년에서 1919년 사이에 독감 팬데믹을 겪은 이후, 각국 정부는 국민에게 더 나은 의료 서비스를 보장해야 한다는 사실을 깨달았어요. 이는 많은 나라들이 국가 차원의 의료 및 복지 제도를 시행하는 결과로 이어졌답니다.

팬데믹에 제대로 대비하기

전문가들은 신종 코로나바이러스가 나타나기 이전에도 치명적인 팬데믹이 번질 수 있다는 사실을 잘 알고 있었어요. 세균이나 바이러스 같은 미생물이 전파되는 방식을 생각하면 팬데믹은 언제든지 일어날 수 있으니까요. 그럼 앞으로 어떻게 대비하면 좋을까요?

비상! 경계 태세!

팬데믹을 일으킬 세균이나 바이러스 등을 초기에 찾아내려면, 새로운 질병의 출현을 알릴 경보 체계를 갖추어야 해요. 세계 보건 기구에서 이미 경보 시스템을 운영하고 있지만, 전 세계가 힘을 합쳐 최대한 많은 국가가 동참하도록 노력해야 해요.

팬데믹 대비책
- 새로운 질병 출현 시 즉시 경보
- 새로운 미생물 연구
- 과거의 팬데믹 연구
- 국가 간 연합 관리
- 국민 건강 관리
- 효율적 의료 체계 운영
- 미생물과 질병에 대한 데이터 축적
- 전 세계적인 관련 지식 공유

의료용 필수품 확보

팬데믹이 시작되면 병원에서는 평소보다 많은 약품과 의료 장비, 소독제와 보호복 등이 필요해요. 만약의 상황에 대비해서 평소에 필수 품목의 재고를 확보해 두는 것이 중요해요.

2020년, 코로나바이러스감염증-19 팬데믹이 닥치자 몇몇 나라에서는 마스크와 장갑, 의료용 보호복 및 수술용 앞치마 등 개인 보호 장비가 동이 났어요. 보호 장비가 없으면 의료진이 감염병에 걸릴 확률이 훨씬 높아지지요.

동물의 건강이 사람의 건강

인류를 위협하는 신종 미생물은 사람이 아닌 동물에게서 시작될 때가 많아요. 페스트는 쥐 등의 설치류에 의해 퍼졌고, 변종 독감은 돼지와 조류로부터 전파되었어요. 따라서 팬데믹을 대비하는 또 다른 방법은, 동물을 가까이에서 접하는 사람들의 안전을 지키는 거예요. 위생을 유지하고, 동물을 철저히 관리하고, 새로운 질병이 출현하면 곧바로 신고할 수 있도록 차차 관련 제도를 만들고 법을 제정해야겠지요.

세균이나 바이러스는 종종 변이를 일으키고, 때로는 동물에게서 사람으로 전파되어요.

팬데믹을 일으킬 가능성이 높은 미생물들:

★ 독감 바이러스
★ 각종 코로나바이러스
★ 에볼라, 마르부르크병, 라사열 등을 일으키는 출혈성 바이러스
★ 니파 바이러스
★ 리프트밸리열 바이러스
★ 질병 X(아직 알려지지 않은 미지의 질병을 일으킬 병원체)

우리가 할 수 있는 일

각 나라의 정부와 과학자들, 그리고 세계 보건 기구 모두 팬데믹 예방에 큰 역할을 담당해요. 그런데 그만큼 중요한 게 있어요. 바로 우리 각자의 행동이에요! 우리는 팬데믹 예방을 위해 무엇을 할 수 있을까요?

스스로 건강 챙기기

감염병은 사람들이 건강하면 할수록 쉽게 누그러들어요. 건강한 면역계는 세균이나 바이러스 등을 더 잘 물리칠 수 있거든요.

건강을 위해 신선한 과일과 채소, 달걀, 생선, 콩, 요구르트 등을 골고루 먹어야 해요.

평소에도 되도록이면……

★ 영양가가 풍부한 식품을 먹어요.

★ 일주일에 여러 차례 운동하고 신선한 공기를 마셔요.

★ 화장실에 다녀오거나, 바깥에서 놀거나, 동물을 만진 다음에는 손을 꼭 씻어요.

★ 음식을 만들거나 먹기 전에 꼭 손을 씻어요.

★ 몸이 좋지 않다고 느껴지면 바로 병원에 가요.

★ 전문가가 권장하는 백신을 접종해요.

비상용 준비물

팬데믹 상황이 벌어지면 사람들이 여러 가지 물품을 한꺼번에 많이 사서 쟁여 두는 사재기가 일어나기도 해요. 그러니 꼭 필요한 물품을 미리 확인해서 마련해 두는 게 좋아요. 어떤 품목이 필요하냐고요?

★ 마스크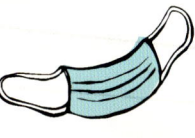
★ 휴지 등 위생용품
★ 손 소독제
★ 해열제, 진통제 등 비상 의약품

팬데믹 상황에서 할 일

이미 감염병이 크게 유행하는 상황이라면 뉴스를 챙겨 보고 정부 기관의 행동 수칙을 따르도록 해요. 손을 늘 깨끗하게 씻고, 마스크를 하고, 거리 두기 기간에는 되도록 집에 머물러요. 친구들과 친척들, 이웃들의 안부를 전화나 이메일로 확인하고, 도울 일이 없는지 물어보아요.

과도한 걱정은 자제하자!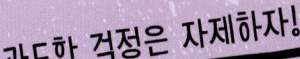

걱정을 많이 하다 보면 스트레스가 쌓이고 불안할 수밖에 없어요. 그렇지만 꼭 기억해요. 우리는 인류 역사상 감염병을 막아 내기에 가장 유리한 시대에 살고 있어요. 의료 기술은 눈부시게 발전했고, 현대식 병원이 곳곳에 있고, 전 세계가 인터넷으로 연결되어 최신 소식을 실시간으로 접할 수 있으니까요. 안전을 최우선으로 삼아 현명하게 행동해야 하지만, 그렇다고 지나치게 당황하거나 조급해지진 말아요!

'가짜 뉴스' 주의보!

팬데믹 기간 동안 가짜 소문이 돌 때가 많아요. '사실 감염병은 존재하지 않는다.' 등의 음모론에서 시작해서, 'OO를 먹으면 바이러스를 막아 준다.'는 식의 터무니없는 민간요법에 대한 뜬소문까지 마구 떠돌지요. 자극적이고 신기해 보이는 가짜 뉴스보다는 전문가의 조언에 귀를 기울여요.

항생제가 만능은 아니야!

항생제는 우리 몸에 침범한 세균을 죽이는 약이에요. 항생제 덕분에 인류는 페스트, 콜레라, 한센병 등 세균성 질병들을 대부분 치료할 수 있게 되었어요. 그런데 여기에 문제가 생겼답니다!

항생제 '내성'이 뭐야?

여러 미생물처럼 세균 역시 시간이 흐르면 스스로 진화하고 변이를 일으켜요. 그래서 때로는 새로운 형태로 진화한 세균이 항생제에 죽지 않기도 해요. 이런 세균을 '항생제 내성균'이라고 불러요.

항생제 내성균이 생기는 과정

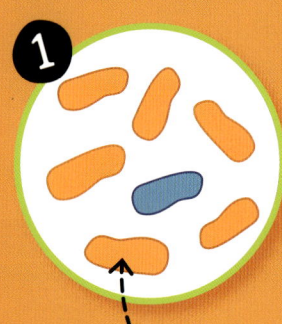

아픈 사람 몸에서 세균이 늘어나요.

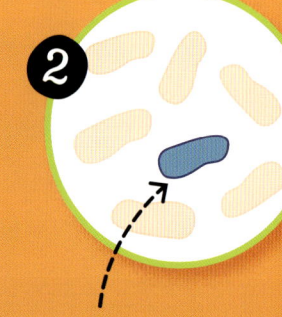

몸에 투여한 항생제가 세균을 죽이는데, 가끔씩 강한 균 몇몇이 살아남기도 해요. 환자가 항생제를 마음대로 끊었을 때 이런 일이 주로 벌어지지요.

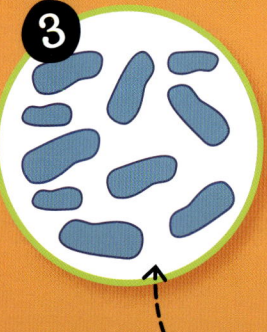

항생제는 우리 몸속의 이로운 균도 죽여요. 강력한 내성균이 빠르게 증식해 빈자리를 차지해요.

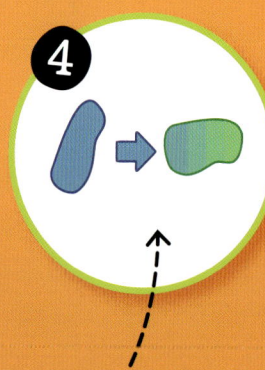

항생제 내성균 역시 다른 사람에게 옮을 수 있어요.

항생제란?

항생제는 세균을 죽이는 물질이에요. 페니실리움 곰팡이에서 처음 발견되었어요. 곰팡이는 스스로 천연 항생제를 만들어 내어 세균을 물리치지요.

인류가 항생제를 본격적으로 사용한 건 약 80년밖에 되지 않았어요. 이전에는 수많은 사람들이 세균으로 인한 질병과 감염으로 목숨을 잃었지요. 요즘은 수백여 종에 달하는 항생제가 공장에서 대량으로 생산되고 있답니다. 항생제가 만병통치약은 아니에요. 증상에 맞춰 적절히 사용하는 것이 중요해요.

시간이 더 지나면 대부분의 항생제에 내성이 있는 강력한 내성균, 즉 '슈퍼 박테리아'가 나타날지도 몰라요.

1928년, 의학자인 알렉산더 플레밍이 위대한 발견을 했어요. 배양 접시의 곰팡이가 어떤 물질을 분비해 주변의 세균을 모두 죽였다는 사실을 알게 되었거든요. 그 물질이 바로 일종의 항생제였던 거예요!

곰팡이

세균

내성균 팬데믹?

전문가들은 항생제 내성균에 의한 전염병이 새로운 팬데믹으로 이어질까 봐 우려하고 있어요. 새로운 전염병은 장티푸스나 결핵, 콜레라, 심지어 페스트의 변종일 수도 있으니까요.

과학자들은 그런 일이 일어나지 않도록 열심히 방법을 연구하는 중이에요. 여러 가지 해결책이 있답니다!

★ 내성균도 죽일 수 있는 새로운 항생제를 개발해요.
★ 다른 미생물로 치료해요. 세균을 공격하는 바이러스를 활용할 수도 있을 거예요.
★ 박테리오신도 한 방법이에요. 박테리오신은 세균이 다른 세균을 죽이기 위해 만들어 내는 물질을 말해요.

똑똑! 정보 창고
치명적인 항생제 내성 결핵

'결핵'이라는 병을 들어 본 적 있나요? 어디선가 들어 본 적이 있어도 얼마나 위험한 병인지는 잘 모를 거예요. 결핵은 그 어떤 전염병보다 많은 사람의 목숨을 앗아 갔어요. 혹시라도 항생제 내성 문제로 결핵 팬데믹이 벌어진다면 지금보다 상황이 훨씬 더 나빠질 수 있답니다.

목숨을 위협하는 무서운 질병

결핵은 세균이 일으키는 병이에요. 결핵균은 대개 폐에 손상을 입히고, 때때로 인체의 다른 기관에 발병하기도 해요. 또 환자가 기침이나 재채기를 할 때 공기로 나와 다른 사람에게 전달되지요. 그런데 결핵균에 감염되었다고 해서 모두 아픈 건 아니에요. 대부분은 '잠복' 상태로, 결핵균을 그냥 갖고만 있어요. 그런데 열 명 중 한 명꼴로 결핵이 '활성'으로 발전하지요. 결핵이 발병하면 고열과 식은땀, 몸의 쇠약, 피가 섞인 기침 등의 증상이 나타나는데, 심하면 생명을 잃을 수도 있답니다.

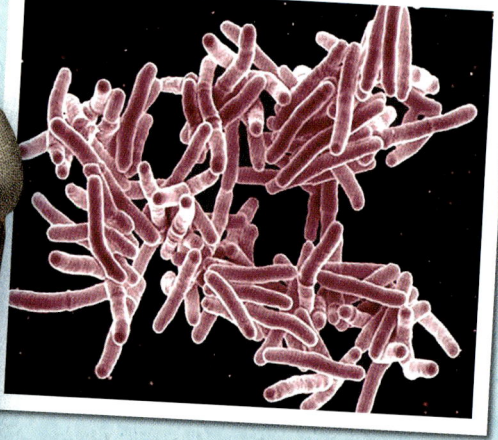

결핵균의 모습이에요.

항생제가 발견되기 전에는 결핵으로 사망하는 일이 매우 흔했어요. 그림의 주인공인 영국 작가 제인 오스틴, 미국 제7대 대통령 앤드류 잭슨, 폴란드 작곡가 프레데리크 쇼팽, 우리나라 작가 이상 등이 결핵으로 목숨을 잃었지요.

가난한 자의 질병, 결핵

충분한 영양을 섭취하는 건강한 사람들은 대개 결핵균을 물리칠 수 있어요. 부유한 국가에서는 어린이들에게 결핵 백신을 예방 접종하기도 해요. 그래서 결핵 환자가 상당히 드물지요.

반면에 가난한 국가에서는 결핵이 매우 흔해요. 영양이 부족한 식사를 하거나, 밀집된 주거 환경에서 생활하거나, 또는 이미 다른 질병을 앓고 있는 사람들은 결핵에 걸리기 쉽거든요.

팩트 체크!

★ 세계 인구의 25퍼센트가 결핵균을 갖고 있는 '잠복' 상태예요.

★ 매년 1,000만 명이 결핵에 감염되어요.

★ ……그리고 매년 150만 명이 목숨을 잃지요.

결핵은 환자가 기침이나 재채기를 할 때 공기를 통해 전염되기 때문에, 사람들이 밀집한 곳에서 더 빨리 퍼질 수 있어요.

변종 결핵균 출현

결핵을 치료하려면 6개월 이상 다양한 종류의 항생제를 복용해야 해요. 가난한 나라에서는 적절한 치료를 받을 수 없고, 받는다 해도 중간에 그만두게 될 때가 많아요. 이것이 결국 항생제에 내성을 가진 변종 결핵균의 출현으로 이어졌지요. 그 후 새로운 결핵균이 전 세계로 퍼져 나갔답니다.

우리가 고칠 수 있을까?

현재 세계 보건 기구와 여러 국제기구들이 더 빠르고 더 효과적이면서 누구에게나 제공할 수 있는 결핵 치료제를 개발하고 있어요. 국제 결핵 예방 접종 프로그램도 구상 중이지요. 결핵은 충분히 예방할 수 있는 병이에요. 팬데믹으로 번지는 걸 반드시 막아야 한답니다!

팬데믹 지구가 온다?

우리가 사는 지구는 인간의 활동으로 계속해서 변화하고 있어요. 각종 오염, 기후 변화, 그리고 인구 급증은 갖가지 분야에서 다양한 문제를 만들어 내지요. 이런 문제들이 팬데믹을 더욱 심각하게 만들 수도 있답니다.

지구 온난화

지구 온난화로 기후가 급속히 변하고 있어요. 어느 지역은 점점 더워지거나 습해지고, 특정 질병이 더 쉽게 퍼지도록 바뀌기도 해요. 또 기후 변화로 인해 어떤 지역은 비가 내리지 않아 말라 가는 반면, 또 다른 지역은 태풍과 홍수가 들이쳐서 큰 피해를 입기도 하지요. 이 같은 기후 재난으로 사람들이 새로운 삶의 터전을 찾아 이동하게 되어요. 이 과정에서 질병이 새로운 지역으로 퍼질 수 있어요.

인구가 밀집하고 위생 상태가 열악한 환경에 노출된 사람들은 세균이나 바이러스가 일으키는 질병에 옮을 확률이 높아요.

환경 오염

환경오염은 기후 변화의 원인일 뿐만 아니라, 스모그 같은 대기 오염 물질을 만들어 사람들의 호흡을 방해해요. 혼잡한 대도시에서는 특히 더 심하죠. 그런데 코로나바이러스 감염증-19, 독감, 결핵 등 많은 감염병이 사람의 호흡기를 통해 발병해요. 오염된 공기는 사람들의 호흡기 건강을 위협하기에 이런 질병에 더 치명적으로 작용하지요.

인구 증가

세계 인구는 지난 200여 년 동안 약 10억 명에서 70억 명 이상으로 가파르게 늘어났어요. 더 많은 사람과 더 거대한 도시의 등장은 질병이 예전에 비해 더욱 쉽게 퍼질 수 있다는 걸 뜻해요.

인구가 급증한다는 건 사람들이 농사를 짓고, 도로를 만들고, 도시를 건설하기 위해 야생 동물의 서식지를 파괴해 왔다는 뜻이기도 하지요. 따라서 예전에 비해 더 많은 동물과 접촉하게 되었고, 새로운 세균이나 바이러스로 인해 또 다른 팬데믹이 시작될 위험성도 커지고 있어요.

더 푸른 지구

기후 변화를 막기 위해 할 수 있는 일을 찾아 당장 행동에 옮겨야 해요. 이런 노력은 인류가 팬데믹의 위험에서 벗어나는 데 큰 도움이 될 거예요.

★ 나무를 더 많이 심어요.
★ 보호 구역을 지정해 야생 동물을 보호해요.
★ 풍력 발전이나 태양력 발전, 조력 발전 등 친환경 에너지 자원을 꾸준히 개발해요.
★ 오염 물질을 덜 배출하는 교통수단을 이용해요. 비행기 대신 기차나 배, 승용차 대신 자전거를 이용하는 거예요.

팬데믹의 긍정적인 효과

제목이 이상하다고요? 물론 감염병이 전 세계에 유행하기를 바라는 사람은 아무도 없어요. 엄청난 혼란과 고통은 물론이고, 갖가지 비극이 발생하니까요. 그렇지만 전혀 예상하지 못했던 긍정적인 변화도 찾아볼 수 있어요.

일하는 방식이 바뀌다

2020년에 코로나바이러스감염증-19로 인한 사회적 거리 두기가 시작되면서, 사람들은 재택근무를 하게 되었어요.(이 책도 재택근무를 하면서 만들고 있답니다!) 그런데 막상 재택근무에서 좋은 점을 많이 발견해서, 앞으로 아예 집에서 일하겠다는 사람이 많아졌어요. 일하는 방식의 변화에는 장점이 많답니다!

★ 배기가스 배출량과 교통사고가 줄어들어요. 출퇴근하는 사람이 적어지니까요.

★ 업무 시간을 조율할 수 있어서 스트레스가 줄어들어요. 언제든지 일할 수 있기 때문이에요.

★ 가족에게도 좋아요. 부모가 자녀들과 더 오랜 시간을 함께 보낼 수 있거든요.

행복한 야생 생태계

팬데믹이 지구를 휩쓰는 동안, 대부분의 사람들이 이동을 자제했어요. 그러자 오염 물질이 줄어들면서 공기가 더 깨끗해졌지요. 자연환경도 더욱 고요해졌고요. 다시 말하면, 야생 생태계에 아주 좋은 영향을 주었답니다! 바다 생물들, 새들과 곤충들, 그 외에 수없이 많은 동물들이 먹고살기가 훨씬 수월해졌어요. 당분간이라고는 해도, 팬데믹 상황은 야생 동물들이 번식하고 개체 수를 늘리는 데 큰 도움이 될 거예요.

오히려 활황인 사업들

팬데믹은 대부분 경제에 나쁜 영향을 끼쳐요. 돌아다니는 사람도 없고, 영업시간도 줄어드니까요. 하지만 사회적 거리 두기 덕분에 더 잘되는 업종도 있어요.

- 마스크 공장
- 실내복 제조 회사
- 배달 업체

팬데믹을 통한 학습

팬데믹에 대처하는 과정에서 인류는 감염병의 대유행이라는 현상에 관해 더 많이 배우고, 또 새로운 대처법과 치료약 등을 개발할 수 있어요.

새로운 아이디어 구상

마스크나 의료 장비 등 다양한 분야에서 획기적인 아이디어를 떠올리고 실현해요. 과학자들은 더 빠르게 진단할 수 있는 검사법과 효율적인 백신을 연구하지요.

팬데믹의 과학

감염병이 어떻게 퍼지는지, 어떻게 해야 초기에 발견할 수 있을지 더 많이 배울 수 있어요. 어떤 방법이 팬데믹에 가장 효과적인지도 분석해요. 봉쇄, 진단 검사와 추적, 사회적 거리 두기, 자가 격리, 또는 여러 방식의 혼합은 어떨까요?

인간의 행동 분석

사회가 봉쇄되거나 사회적 거리 두기가 시행되었을 때, 우리가 어떻게 반응하고 대처하는지 파악할 수 있어요. 전문가들은 대중이 어떻게 행동하는지 분석하고, 공공장소를 안전하게 유지할 수 있는 방법을 찾기 위해 연구해요.

만약에 팬데믹이 또 벌어진다면, 우리는 더 철저하게 대비되어 있을 거예요!

이것도 알아 두면 좋아요!

인터넷에 접속해요!

〈보건복지부 : 코로나바이러스감염증-19〉 http://ncov.mohw.go.kr
대한민국 보건복지부에서 운영하는 홈페이지예요. 국내 코로나바이러스 감염 현황뿐 아니라, 관련 이슈와 팩트 체크도 제공하고 있어요.

〈코로나 라이브〉 https://corona-live.com
국내 대학생이 만든 코로나바이러스감염증-19에 대한 정보를 실시간으로 확인할 수 있는 웹 사이트에요. 국내뿐 아니라 세계적인 통계도 한눈에 볼 수 있어요.

〈내셔널지오그래픽〉 https://www.natgeokids.com/uk/discover/science/general-science/what-is-coronavirus
내셔널지오그래픽 키즈의 웹 사이트예요. 코로나바이러스에 관한 정보와 생활 수칙 등을 찾아볼 수 있어요.

〈워터에이드〉 https://www.wateraid.org/uk/get-involved/teaching/hygiene-activities-for-kids
국제 비영리 환경 단체인 '워터에이드'의 웹 사이트예요. 위생에 대해 학습할 수 있는 다양한 활동과 게임들을 어린이 눈높이에 맞춰 제공하고 있어요.

영상을 감상해요!

〈포스트 코로나〉

EBS 다큐 프라임에서 방영한 6부작 다큐멘터리 시리즈예요. 코로나바이러스가 발생한 시점부터 각국의 대처 방식, 그리고 앞으로 우리 생활방식이 어떻게 바뀌어야 하는지까지 상세히 해설해 주고 있답니다. EBS 홈페이지에서 다시 보기를 통해 무료로 시청할 수 있어요.

〈바이러스 전쟁〉

KBS에서 방영한 2부작 다큐멘터리예요. 팬데믹의 원인과 역사, 그리고 지금도 치열하게 진행 중인 변종 바이러스와 인류의 전쟁에 대해 쉽게 설명하고 있어요. 유투브에서도 시청이 가능하답니다.

〈익스플레인 : 코로나바이러스를 해설하다〉

넷플릭스에서 제작, 방영한 다큐멘터리예요. 세계가 복잡하게 얽혀 있는 만큼 팬데믹은 피할 수 없는 재난이고, 인류는 단기적·장기적으로 팬데믹을 대비해야 한다는 내용을 담고 있어요.

선생님과 학부모님들께

본문에 소개한 인터넷 사이트와 영상들에 유해한 정보가 없는지 여러 면에서 확인했으나, 인터넷의 특성상 이후 어떤 콘텐츠가 업데이트될지 알 수 없습니다. 따라서 어린이 독자들이 해당 사이트에 접속할 때에는 보호자가 꼭 함께해 주시길 바랍니다.

똑똑! 팬데믹 용어

가래톳 페스트 페스트균이 일으키는 치명적인 병이에요. 페스트에 걸린 쥐나 환자를 물었던 벼룩에 의해 옮게 되어요. (9, 11~13, 23, 29쪽)

개인 보호 장비 마스크, 장갑, 보호복 등 감염성 질병에 걸리지 않게 보호해 주는 여러 장비를 가리켜요. (24, 33쪽)

결핵 결핵균으로 옮는 흔한 질병으로, 대개 폐에서 발병해요. (37~39, 41쪽)

독감 바이러스가 일으키는 질병이에요. 독감에 걸리면 고열과 기침, 몸살과 각종 통증이 나타나고, 폐렴으로 이어질 수도 있어요. (9, 11, 15, 17, 20~21, 23, 31, 33, 41쪽)

라임병 진드기에 물려서 옮은 세균이 일으키는 질병이에요. (9쪽)

말라리아 원생동물의 한 종류가 일으키는 치명적인 병으로, 모기에 물려서 옮아요. (9, 11쪽)

면역 우리 몸이 질병을 일으키는 미생물을 방어하는 걸 말해요. 세균이나 바이러스 등과 싸운 학습으로 얻어지죠. (14~15쪽)

면역계 여러 기관으로 이루어진 우리 몸의 방어막으로, 병을 일으키는 미생물을 죽이는 역할을 해요. (14, 34쪽)

미생물 현미경으로 관찰할 수 있는 아주 작은 생물체를 말해요. 세균 등이 대표적이에요. (8~9, 14~17, 33, 36~37쪽)

바이러스 작은 미생물의 한 종류로 대부분 세균보다 훨씬 작아요. 생명체의 세포에 침입해 증식하지요. (6, 8~10, 14~18, 20~22, 24, 27~29, 32~35, 37, 40~41쪽)

박테리오신 어떤 세균이 다른 세균을 죽이기 위해 만들어 내는 물질이에요. (37쪽)

발진티푸스 세균이 일으키는 질병으로 벼룩이나 이 등에 물려서 옮아요. 고열과 두통, 발진이 나타나요. (10쪽)

백혈구 혈액에서 발견되는 특별한 세포로, 세균이나 바이러스 등을 공격해서 물리치는 역할을 해요. (14쪽)

변종 변이를 통해 기존과 다른 특수한 형태 또는 성질을 갖게 된 미생물을 말해요. (15, 17, 20, 33, 37, 39쪽)

봉쇄 공공장소를 폐쇄하고 사람들을 집에 머물게 하는 조치를 말해요. 감염병의 확산을 막기 위한 방법이에요. (22~23, 25, 27, 43쪽)

사회적 거리 두기 다른 사람들과 최소한의 거리를 유지해서 전염병이 퍼지는 걸 막는 방법이에요. (22~23, 42쪽)

세계 보건 기구(WHO) 전 세계 사람들의 건강을 증진하기 위해 만든 국제기구예요. (7, 19, 27, 32, 34, 39쪽)

세균(박테리아) 단세포로 이루어진 아주 작은 미생물이에요. 어떤 세균은 병을 일으키기도 한답니다. (8쪽)

수두 바이러스가 일으키는 질병이에요. 피부에 발진과 물집 등이 생겨나지요. (8, 14쪽)

수면병 원생동물의 한 종류가 일으키는 질병이에요. 발열, 통증, 혼란과 기면증 등이 나타나요. (7, 9쪽)

스페인 독감 1918년에서 1919년 사이에 전 세계적으로 유행한 변종 독감을 부르는 또 다른 이름이에요. (11, 20~21쪽)

에볼라 바이러스가 일으키는 치사율이 상당히 높은 감염병이에요. 에볼라에 걸리면 출혈과 고열 등이 나타나지요. (17, 33쪽)

예방 접종 면역계에 특정한 세균이나 바이러스 등을 알아보고 공격할 수 있도록 학습시키는 방법이에요. 독성을 약화시킨 미생물로 만든 백신을 주사하지요. (7, 29, 39쪽)

원생동물 단세포 동물의 한 종류예요. 바이러스나 세균처럼 질병을 일으키기도 해요. (8~9쪽)

위생 시설 청결을 유지하는 설비나 체계 등을 말해요. 상·하수도 시설, 수세식 변기 등이 있어요. (18쪽)

유행 팬데믹 상황에서 감염자 수나 감염 비율이 높아지는 추세를 말해요. (4, 6~8, 10~12, 20~21, 23, 27, 29, 35, 42쪽)

유행병 어떤 지역에 널리 퍼져서 사람들이 돌아가면서 앓는 병을 말해요. (6~7쪽)

자가 격리 일정 기간 동안 집에 머물면서 다른 사람들과의 접촉을 피하는 걸 말해요. (28, 43쪽)

재생산 지수 한 사람이 얼마나 많은 사람에게 질병을 옮겼는지 보여 주는 수치를 말해요. (19쪽)

점액 코, 목 등 우리 몸의 일부 기관에서 분비하는 미끈미끈한 물질이에요. (14쪽)

지카 바이러스가 일으키는 병으로 주로 모기를 통해 옮아요. 고열, 통증, 발진 등이 나타나는데, 임신 중에 감염되면 기형아를 출산할 확률이 높아져요. (9쪽)

질병 X 지금까지는 알려지지 않았지만 미래에 또 다른 팬데믹을 일으킬 수 있는 미지의 병을 말해요. (33쪽)

천연두 바이러스가 일으키는 치명적인 병이지만, 예방 주사로 인해 지금은 인류에게서 추방되었어요. (7, 10~11, 29쪽)

충수염 소장 끝에서 대장으로 이어지는 부위에 달린 작은 기관인 충수에 염증이 일어나는 증상을 말해요. (6쪽)

코로나바이러스 사람과 동물에게 감기, 코로나바이러스감염증-19 등의 질병을 일으키는 바이러스예요. (4, 6, 9, 19, 26~28, 33, 41~42쪽)

콜레라 세균이 일으키는 질병이에요. 심한 구토와 설사를 일으켜요. (9, 11, 29, 36~37쪽)

타액 우리 입안에서 분비하는 액체인 침을 달리 이르는 말이에요. (14쪽)

팬데믹 특정 질병이 발생해서 전 세계 넓은 지역에 걸쳐 크게 유행하는 상태를 말해요. (4~7, 10~12, 14~35, 37~43쪽)

페스트 가래톳 페스트를 부르는 다른 이름이에요. 또 유행병을 통틀어 페스트라고 부르기도 하지요. (11~13, 23, 29, 33, 36~37쪽)

폐렴 폐에 염증이 생기는 병으로 폐렴에 걸리면 호흡하기 힘들어져요. (21, 26쪽)

포유동물 새끼에게 젖을 먹여 기르는 모든 동물을 일컫는 말이에요. 사람, 돼지, 고양이 등이 있어요. (13쪽)

풍토병 특정 지역에서 주로 나타나는 질병을 가리키는 말이에요. (6~7쪽)

항생제 세균을 죽이는 약이에요. (29, 36~39쪽)

항체 백혈구가 분비하는 물질로, 우리 몸에 침입한 세균이나 바이러스 등의 미생물을 무력화시켜요. (14쪽)

홍역 바이러스가 일으키는 질병으로, 온몸에 발진을 일으켜요. (9, 15쪽)

후천 면역 결핍증(AIDS) 바이러스로 퍼지는 병이에요. 사람의 면역계를 극도로 약하게 만들어 합병증을 유발하지요. (9쪽)

흑사병 가래톳 페스트의 다른 이름이에요. 페스트균이 폐에 침범하면 환자의 피부색이 검은빛을 띤 자주색으로 변하는 증상에서 따온 이름이에요. (11~13, 31쪽)

지은이 애나 클레이본
영국 요크셔에서 어린 시절을 보낸 뒤, 옥스퍼드 대학교와 캐나다 토론토에서 영문학을 공부했어요. 현재는 프리랜서 작가와 편집자로 활동하고 있답니다. 과학과 자연 분야에 관심이 많아서 야생 동물과 화산, 지진 등에 관한 책을 많이 썼어요. 국내에 소개된 책으로 《뜨거운 지구》《대륙별 기후별 별별 동물 찾기》《발레리나를 찾아라》 등이 있어요.

옮긴이 김선영
식품 영양학과 실용 영어를 공부했어요. 영어 문장을 아름다운 우리말로 바꿔 보며 즐거워하다가 본격적으로 번역을 시작했답니다. 옮긴 책으로 《플라스틱 지구》《뜨거운 지구》《남친보다 절친 프로젝트!》《이번 실수는 완벽했어!》《엉덩이로 자동차 시동을 건다고?》《관심이 제일 중요해 : 난민》 외 여러 권이 있어요.

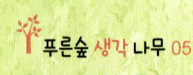

팬데믹 지구

첫판 1쇄 펴낸날 2021년 3월 31일 | **2쇄 펴낸날** 2021년 6월 15일 | **지은이** 애나 클레이본 | **옮긴이** 김선영 | **발행인** 김혜경 | **편집인** 김수진 | **주니어 본부장** 박창희 | **편집** 길유진 진원지 문새미 | **디자인** 전윤정 정진희 | **마케팅** 이상민 | **경영지원국** 안정숙 | **회계** 임옥희 양여진 김주연 | **인쇄** 영신사 | **제본** 에이치아이문화사 | **펴낸곳** (주)도서출판 푸른숲 | **출판등록** 2003년 12월 17일 제406-2003-000032호 | **주소** 경기도 파주시 회동길 57-9, 우편번호 10881 | **전화** 031)955-1410 | **팩스** 031)955-1405 | **홈페이지** www.prunsoop.co.kr | **이메일** psoopjr@prunsoop.co.kr | ⓒ푸른숲주니어, 2021 | ISBN 979-11-5675-295-0 (74400) 979-11-5675-030-7 (세트)

잘못된 책은 구입하신 서점에서 바꾸어 드립니다. 본서의 반품 기한은 2026년 6월 30일까지입니다.
KC 마크는 이 제품이 공통안전기준에 적합하였음을 의미합니다. 던지거나 떨어뜨려 다치지 않도록 주의하세요.

Pandemic Planet by Anna Claybourne
First published in Great Britain in 2021 by The Watts Publishing Group
Copyright ⓒ The Watts Publishing Group 2021
Korean Edition Copyright ⓒ Prunsoop Publishing Co., Ltd., 2021
All rights reserved.

This Korean edition published by arrangement with The Watts Publishing Group Limited, on behalf of its publishing imprint Franklin Watts, a division of Hachette Children's Group, through Shinwon Agency Co., Seoul.

이 책의 한국어판 저작권은 신원 에이전시를 통해 The Watts Publishing Group과 독점 계약한 (주)도서출판 푸른숲에 있습니다.
저작권법에 의해 한국 내에서 보호를 받는 저작물이므로 무단 전재와 복제를 금합니다.